TO B 革命

企业级服务商业场景落地实操

乔杨 ◎ 著

电子工业出版社
Publishing House of Electronics Industry
北京 · BEIJING

内 容 简 介

当前，C 端受人口红利减少、C 端流量价高等因素的影响，其红利已逐渐被消耗殆尽，TO C 这条路已经越来越难走了。在这种情况下，TO B 得到了更多的关注，在国家政策支持、资本流入、技术发展、市场需求不断扩大的大环境下，TO B 迎来发展的春天。那么 TO B 企业应如何抓住发展的良机、可以在哪些场景中落地哪些服务？本书将针对这一核心问题对 TO B 的相关知识进行详细讲解，同时详细讲解 TO B 企业在入局各领域时应如何发力。

此外，本书还对 TO B 的发展进行了展望。TO B 的发展不仅是大势所趋，其还在未来拥有广阔的发展前景，在这种情况下，TO B 企业越早入局，越能够抢占先机，而本书能够为 TO B 企业的发展提供有效的方法论指导。

图书在版编目（CIP）数据

TO B 革命：企业级服务商业场景落地实操 / 乔杨著.—北京：电子工业出版社，2021.6

ISBN 978-7-121-40933-2

Ⅰ．①T… Ⅱ．①乔… Ⅲ．①商业模式—研究 Ⅳ．①F71

中国版本图书馆 CIP 数据核字（2021）第 059888 号

责任编辑：张　毅　　　特约编辑：田学清
印　　刷：三河市鑫金马印装有限公司
装　　订：三河市鑫金马印装有限公司
出版发行：电子工业出版社
　　　　　北京市海淀区万寿路 173 信箱　　　邮编：100036
开　　本：720×1000　　1/16　　印张：15.5　　字数：238.1 千字
版　　次：2021 年 6 月第 1 版
印　　次：2021 年 6 月第 1 次印刷
定　　价：58.00 元

前言

改革开放以来，我国经历了经济高速增长的过程，顺利跻身到中等收入国家的队伍中。但最近几年，我国的经济增长速度逐步放缓，这在一定程度上表明，我国已进入一个新的发展阶段，需要新的模式为其赋能。

当前，我国经济正面临转型，"十四五"规划明确了科技创新、产业发展、国内市场、深化改革、区域发展、绿色发展等重点。这意味着我国的整体经济发展趋势要从"高速度"逐步切换为"高质量"，向欧美发达国家看齐。

在这一过程中，供给侧改革无疑是一剂"强心针"，2019 年国务院政府工作报告中也指明了供给侧改革的重要性，强调供给侧改革为经济的发展注入了新的活力。各类企业是经济发展的主力军，所以必须顺应供给侧改革的时代潮流，通过商业变革来推动经济转型。

创新对企业来说是最为重要的一条路。过去，大部分企业认为创新的成本较大，并且无法在短期内获得收益，所以没有对创新给予足够的重视。但随着社会的不断发展，各类产品更新换代的速度不断加快，创新已经成为企业发展的生命线。

除创新以外，商业模式的架构也会对企业发展产生巨大的影响。目前国内部分中小微企业的生存环境堪忧，而且其中不乏一些掌握着高新技术的企业，但由于商业模式不成熟，导致其运营效率偏低，最后因入不敷出而倒在了市场的浪潮里。

同时，很多企业在发展过程中还受到了各产业之间相互割裂的掣肘，这使企业陷入了"各自为战"的境地，无法有效利用上下游的优势资源。要想使整体经济再上一个台阶，就必须打通各产业之间的连接通道，从而形成一个良性循环的经济生态圈。

要使这几个方面都得到提升，大力发展企业级服务，即 TO B（To Business，产品服务于企业）业务，将是最好的选择，这一点在欧美发达国家的发展历程中也得到了印证。在过去的几十年里，欧美地区涌现了一大批优秀的 TO B 企业，在近几年间，也有很多从事 B 端服务的独角兽企业不断出现，这些企业为其他企业的发展带来了巨大的变革。

本书详细阐述了国内外 TO B 领域的发展历程、TO B 与 TO C（To Customer，产品服务于用户）的不同、TO B 的基因、TO B 的商业形态，并对金融、零售、互联网、制造、餐饮、医疗、文创、农业、旅游、教育等领域 TO B 的现状和发展前景进行了分析，以便让读者能够充分了解 TO B 的重要性。

本书结合当前的政策法规和国内外的优秀案例，从理论和实践两个方面详细地剖析了 TO B 的发展脉络，以及其对未来商业发展所带来的影响，希望读者在阅读本书之后，可以对 TO B 领域的现状与未来发展有一个清晰的认知。

目录

第 1 章

TO B 革命：市场刚需与国家意志的双重结果

我国互联网经过长时间的发展，诞生了以 BAT（百度、阿里巴巴、腾讯）为代表的一大批互联网企业，这些企业有一个共同的特点，就是业务主要以 TO C 业务为主。而像滴滴出行、今日头条、小米等近些年深受资本追捧的互联网企业，其所涉及的也大多是 TO C 业务。这主要是因为我国拥有众多的人口，C 端市场极大且易于开发。

但近些年来，C 端市场涌现出太多巨头，高回报情景不容易再出现，很多企业为了效益而被迫转型，于是通过技术手段提升运营效率的企业服务进入人们的视野。同时，TO C 领域的人口红利逐渐消失，为实现经济的高质量发展，供给侧改革也势在必行。所以，TO B 革命是市场刚需与国家意志的双重结果。

1. 欧美市场概述

与国内 B 端市场不同，欧美在 TO B 领域的发展已经经历了两次大的爆发期。

第一次是在 20 世纪 70 年代，信息技术基本完成由军用向民用的转变，已经完全成熟并大规模投入使用。在这一时期，诞生了微软、甲骨文等企业级软件巨头，这些巨头目前在世界范围内仍然占有非常重要的地位。

第二次是在 2000 年左右，由于新一轮的技术革新，特别是云计算的出现，欧美地区又涌现出了一批以 Salesforce、Workday、ServiceNow 为代表的市值为百亿美元的企业。截至 2020 年 6 月 18 日，SAP、甲骨文及 Salesforce 三家企业的合计市值已经超过 4900 亿美元。在整体市场上，TO B 企业和 TO C 企业各占欧美科技业总市值的一半。

总部位于德国的 SAP 是目前全球最大的企业管理及协同化商务解决方案供应商，同时也是世界第三大独立软件供应商。SAP 的主要业务是研发并销售 TO B 商业软件，帮助其他企业建立业务流程或改进原有业务流程，以优化企业运作、提高企业效益。

前瞻产业研究院发布的《2018 年中美独角兽研究报告》显示，在美国，TO B 领域的独角兽企业数量遥遥领先于其他领域，占比达到 31%。表 1-1 是对 8 家美国独角兽企业的具体描述，这些独角兽企业的职责是帮助其他企业找到经营痛点，然后解决问题。

表 1-1 对 8 家美国独角兽企业的具体描述

名称	服务领域	主要业务介绍	最新资本运作情况
Eventbrite	在线票务平台	为活动组织者管理相关事务：活动策划、宣传、网络销售、支付和取票，并能为组织者提供后台分析数据和多种插件	2018 年 9 月于纽交所上市，获得 2.3 亿美元融资，估值超 17.6 亿美元
Glassdoor	就业社交平台	致力于解决职场信息不对称的问题，客户可匿名评价所在企业及发表其他内容	2018 年 5 月被日本企业 Recruit 以 12 亿美元收购
Tanium	网络安全技术服务	为企业提供安全与系统管理，通过持续扫描某一网络中的全部端点，检测出潜在漏洞和管理欠妥的设备	2018 年 10 月获得 2 亿美元融资，估值 65 亿美元

续表

名称	服务领域	主要业务介绍	最新资本运作情况
AppDirect	云服务应用市场平台	SaaS（Software-as-a-Service，通过网络提供软件服务）整合平台，为企业和产品开发者提供服务（企业版 App Store），支持市场、计费与分销及转售服务，还可以让企业"贴牌"，即企业可以将 AppDirect 作为自己的应用商店使用	2015 年 10 月获得 1.4 亿美元投资，估值超过10 亿美元
Sprinklr	跨平台企业社交管理	借助该平台，企业可以跨平台管理 24 家社交媒体渠道，向客户体验管理转型，收购同领域企业并与多家知名企业开展战略合作	2016 年 7 月获得 1.05 亿美元融资，估值高达18 亿美元
Slack	聊天软件	企业通信工具，能够整合电子邮件、短信、Twitter（推特）等60 多种工具，把碎片化的企业沟通与协作集中到一起	2019 年 6 月于纽交所上市，获得 73 亿美元融资，估值约 157 亿美元
Zoom	视频会议服务	主要提供电脑端及移动端的视频会议服务，主打中小型企业和教育市场	于 2019 年 4 月在纳斯达克上市，获得 7.51 亿美元融资，市值达到1175 亿美元
Gusto	HR（人力资源）服务软件	原名 ZenPayroll，曾是 Zenefits 的合作伙伴，也是 Y Combinator 企业孵化器的创业项目，以薪资管理服务为主，收取固定费用和人头服务费，软件使用简单、性价比高	2019 年 7 月获得 2 亿美元融资，估值 20 亿美元

　　欧美 TO B 领域的发展如此迅猛，源于企业以技术提升效率的紧迫感。在欧美地区，各大企业在激烈的市场竞争中面临严峻的生存危机，在这种情况下，企业必须从内部降低成本、提高效率、创新服务，而所有的一切又必须依靠技术才能实现。于是，大量主营 TO B 业务的互联网企业开始涌现，为寻求转型的企业提供技术支持。

同时，欧美企业强烈的科技意识也为 TO B 领域的发展奠定了基础。互联网时代到来之后，电商的出现为零售业的发展带来了巨大影响，而在美国，虽然零售业的压力很大，但是沃尔玛却能够和以亚马逊为代表的电商企业相持多年，就是因为其对技术的重视。沃尔玛拥有自己的卫星和先进的电脑系统（到 20 世纪 90 年代初，沃尔玛在电脑和卫星通信系统上就已经投资了 7 亿美元，而它不过是一家纯利润只有 2%～3% 的折扣百货零售公司），同时拥有数量众多的服务器，足见其对技术的重视。将信息化提到战略高度正是沃尔玛迈向成功的重要原因之一。同沃尔玛一样，许多欧美企业都十分重视先进科技在企业中的应用。一方面，沃尔玛通过供应链信息化系统实现了全球统一采购及供货商自己管理上架商品，使产品进价比竞争对手降低 10% 之多；另一方面，沃尔玛还通过卫星监控全国各地的销售网络，对商品进行及时的进货管理和库存分配。

当凯玛特（美国第三大折扣零售连锁公司）也意识到信息化的重要性并效仿前者开始起步时，沃尔玛早已在全球 4000 个零售店配备了包括卫星监测系统、客户信息管理系统、配送中心管理系统、财务管理系统、人事管理系统等多种技术手段在内的信息化系统。

欧美地区的 TO B 企业能够为企业提供高质量的服务，同时依靠出色的技术进一步拓宽市场。以 Gusto 公司为例，其推出了一款为小型企业设计的工资单应用软件，该软件可以让管理者在每周的工资单上为员工撰写个性化评语、给新来的员工发送欢迎信息及标明员工的工作经历等。

综上所述，大多数欧美企业并不是一味地投入资金扩大规模，而是致力于可延续性的技术提升及打造可持续发展的业务，并且十分重视后续的服务和客户体验。在这种理念的带领下，欧美的 TO B 市场能够展现出更多的活力，也会出现很多有代表性的 TO B 企业。

2. 国内巨头争相布局

在之前的十多年间，由于互联网的高速发展，国内诞生了以 BAT 为代表的一大批互联网企业，这些互联网企业创造了一个 TO C 的黄金时代。但近些年来，智能手机的大规模普及对 C 端市场产生了深刻影响，人口红利大有枯竭之势，劳动力成本也成倍上升，这些都是企业所面临的难题，减员增效已经成为当下企业发展的迫切需求。

此前，由于市场尚未饱和，经济增长迅速，各个企业的业务驱动相对而言并不困难，因此对提高效率的新工具的采用意愿并不高。而企业服务往往又具有价格较高且短时间内效果不显著的特点，导致 B 端市场一直很难打开。

另外，很多传统企业很少使用电脑，也不太愿意尝试通过技术提高效率。很多企业并不会在信息技术方面投入太多资金，即使投入资金，也是为了获得硬件设备，在软件及服务上投入的资金很少。在这种情况下，包括金蝶、用友在内的一些老牌 TO B 企业都在发展的道路上举步维艰。同时，在国内诞生一家专注于企业服务的独角兽企业也显得愈发困难。

但是，由于 C 端市场发生了转变，这样的局面已经被打破，TO B 革命势在必行。基于此，百度、阿里巴巴、腾讯等互联网巨头纷纷在 B 端市场布局，其业务发展也日趋成熟。如今，他们又不约而同地加大投入力度，以期进一步打开 B 端市场。

（1）百度：百度云、DuerOS、Apollo

百度大力发展人工智能，依靠人工智能，百度在 TO B 领域选择了三个主攻方向，即百度云、DuerOS 和 Apollo。目前，百度在这三个方向都已经有了不小的突破。

百度云的覆盖面非常广，包含农业、制造业、金融业等多个行业，它不仅能进行数据存储，还能利用人工智能为企业提供解决问题的方案。百度云在每一个行业的应用都会体现其智能性。

DuerOS 是一款对话式人工智能操作系统，采用了语音对话的交互方式，在多种场景下都能为客户提供完整的服务链，使高科技的人工智能应用于现实生活。例如，在洲际酒店的"小度智慧客房"中，住户可以通过语音控制客房设备、检索信息等，享受各种自动化服务。企业可以通过DuerOS 提升自己的服务能力。

Apollo 是自动驾驶系统，拥有完整的服务体系，包括车辆平台、硬件平台、软件平台、云端数据服务四大部分。如今，福特、宝马等多家汽车企业都已经和百度达成合作，把 Apollo 引入自家的汽车中。

（2）阿里巴巴：阿里云、钉钉

早在 2008 年，阿里巴巴就确定了针对 TO B 领域的"云"战略和数据战略。目前，阿里云占据了国内大半个市场，估值达 930 亿美元（高盛估值）。市场数据显示，在 2020 年间，阿里云在亚太市场排名第一，市场份额接近亚马逊和微软的总和。在中国市场，阿里云排名第一，市场份额连续多季度同比上涨。阿里巴巴集团 2020 年 Q2 财报显示，云计算季度营收149 亿元，同比增幅达到 60%。在全球云计算 3A 阵营中，阿里云增长为亚马逊云 29%增速的 2 倍，并大幅领先微软 Azure 的 48%。阿里云的优势在于阿里巴巴拥有海量客户数据，这些数据对发展云服务而言是十分有利的。阿里云的优势在于阿里巴巴拥有海量客户数据，这些数据对发展云服务而言是十分有利的。

在 TO B 领域，阿里巴巴还有一个不得不提的成就——智能移动办公平台钉钉。2014 年 12 月，阿里巴巴发布了钉钉 0.1.0 和钉钉 1.0.0 两个测试版；到 2020 年 6 月，钉钉 5.1.8 版本已经出现，功能越来越齐全，使用钉钉的企业也不断增多。截至 2020 年 3 月 31 日，钉钉的用户数超过 3 亿人，企业组织数超过 1500 万家。

虽然过去的 10 年时间，几乎所有的超级 App 都诞生在云上，人工智能、移动协同等技术在云上得到了极大普及，云也成为时代载体和数字化发展的标志，然而这对于云计算所拥有的能力和云计算巨头们的目标来说，还远远不够，特别是在用户侧，企业不仅要解决 IT 资源的问题，还要解决应用智能化、数据化和移动化的问题。

技术门槛高、适用范围窄的云服务已经成为云计算发展路上的绊脚石，而云计算巨头要想完成二次突破就需要一个更完整、更易用的平台。

对此，阿里云的解决方案是为飞天云这个"超级计算机"，装上数字原生操作系统，就像 Windows 让电脑走进千家万户一样，升级后的云让人类和云计算的交互更加容易，让云能够普及更多企业、更多人。

同时，阿里巴巴发布了第一台云电脑无影和第一款物流机器人"小蛮驴"，将云的变革带入终端。

阿里云智能总裁、达摩院院长张建锋认为，云端一体和云钉一体是数字原生操作系统的重要组成。这两大战略将改变人们使用云的方式、改变应用开发的方式，开创了一种全新的云计算形态。

我们可以清晰地看到，在这种形态之下，云的基础设施与数字原生操作系统相互协同，云正在演变成一个"Windows 系统的计算机"，大大降低了企业及用户的用云门槛。

走出差异化的阿里云正在建立一个"具象化"云计算形态。

云计算虚无缥缈，对于很多普通人来说，很难理解，但阿里云通过长时间潜移默化地"教育"，已经在用户心中形成"钉钉就是云计算"的认知，现在又通过云钉一体和云端一体战略，将云服务封装在 App 应用和智能终端中，以具象化的形式让云无处不在，让云人人能用，人人会用，这也构成了阿里云有别于友商的差异化优势。

（3）腾讯：微信、CSIG

同样作为互联网巨头的腾讯，在逐渐兴起的 TO B 领域也不甘示弱。

2016 年 4 月 18 日，腾讯正式发布了企业微信 1.0 版，在 iOS、Android、Windows、Mac 等平台上同时推出，与阿里巴巴争夺企业社交服务市场。

2018 年 9 月，腾讯宣布其史上第三次组织架构调整，成立 CSIG，即云与智慧产业事业群，整合腾讯云、智慧零售、腾讯地图等核心业务线，这也成为腾讯进军 TO B 领域的主阵地。与阿里云相比，虽然腾讯云起步较晚，但借助于游戏、视频领域的优势，腾讯云也迅速在市场中占据了一席之地。

除了 BAT，其他很多互联网企业也都在 TO B 领域进行了布局。早在 2015 年，京东金融就明确了"金融科技"的定位，为金融机构提供数字科技服务，而且还创造了"B2B2C"（Business to Business to Customer）的服务模式，这里的第一个 B 为商品或服务的供应商，第二个 B 为交易平台，C 为客户。目前，京东金融服务客户数量已超 4 亿户，整体营业收入超百亿元。

2018 年 11 月，"京东金融"品牌升级为"京东数字科技"，布局金融、城市、农牧、营销等产业数字化领域。未来，京东数字科技将依托京东金融、京东城市、京东钼媒等多个独立子品牌，主攻人工智能、感知技术、物联网、区块链等方向。

与 TO C 市场将蛋糕做大的诉求不同，TO B 市场希望将蛋糕切得更加完美。虽然与欧美相比，我国 TO B 市场和企业的发展还不是十分成熟，但需求的紧迫性和巨头的布局必然会打破这一局面。可以预见，在 BAT 和京东等互联网企业争相发力的情况下，TO B 的春天马上就会到来。

3. 产业互联网全面爆发

腾讯 CEO 马化腾曾在写给合作伙伴的公开信中表示，移动互联网的上半场逐渐接近尾声，下半场的序幕逐渐拉开。随着数字化的发展，移动互联网的主战场由上半场的消费互联网，逐渐转变为下半场的产业互联网。没有产业互联网做支撑，消费互联网也难以发展，腾讯将立足于消费互联网，拥抱产业互联网。

2018 年是产业互联网全面爆发的一年，除腾讯将借助"拥抱产业互联网"迈进下一个 20 年以外，百度、阿里巴巴、京东、美团、小米等互联网企业也都将目光锁定在 TO B 领域，重新评估 B 端市场价值并进行布局。

产业互联网是由消费互联网引申出来的一个概念，是指传统产业借助大数据、云计算、人工智能等技术提升内部效率和对外服务能力，从而实现转型升级。在移动端智能设备实现大规模普及之后，我国的消费互联网整体上已经有了长足进步，相比之下，产业互联网的发展则呈现出两极分化的局面。一些新兴科技企业对大数据、云计算等技术已经可以熟练运用，而很多传统企业还停留在纸质化办公的层面。

如今，我国已经逐步进入创新驱动发展的时期，这种两极分化的局面必须被打破，企业应通过产品、业务、服务等方面的创新来开拓并占领新的市场。而推动创新最有效的方式便是通过互联网打造产业互联平台，这也是产业互联网的价值核心。一直以来，很多传统企业都认为原有的经营模式良好，往往不愿意去主动创新，而现在迫于各种各样的压力，也逐渐入局产业互联网。

在国家层面，产业互联网的发展也得到了应有的重视。

那么产业互联网的规模能够达到多大呢？普华永道发布的《科技赋能 B 端新趋势白皮书》预计，到 2025 年，T2B2C（T 指科技，B 指企业，C 指客户）模式为科技企业带来的市值将达到 40 万亿至 50 万亿元。同时，咨询机构 IDC 的一项调查显示，在中国 1000 强企业中，有一半以上的企业将把数字化转型作为未来发展的目标，这让 TO B 市场有了巨大的开拓空间。

另外，消费互联网的连接主要是人与电脑、智能手机等终端的连接，其连接数量为 35 亿个左右，而产业互联网的连接对象则包括人、设备、产品及各类要素，潜在的连接数量为百亿级别。这也就意味着，对于企业来说，产业物联网领域有大量的生存机会。

工业互联网产业联盟测算，到 2020 年，中国工业互联网市场规模将接近 7000 亿元，与 2019 年相比增长 14%。产业互联网的未来市场规模值得期待，发展前景非常广阔。

在产业互联网时代，腾讯在出行市场已经开始了初步探索，具体的行动如表 1-2 所示。

表 1-2　腾讯在出行市场的行动

时　　间	行　动　内　容
2019 年 1 月	腾讯与广汽、广州公交集团等达成合作，共同设立移动出行项目平台
2019 年 2 月	腾讯与中国联通等 23 家企业组成"深圳车联网生态联盟"，推动车联网产业快速发展； 微信小程序"腾讯乘车卡"正式上线，并接入全国交通一卡通互联互通系统
2019 年 4 月	腾讯与中国交通运输协会共享出行分会达成战略合作，共同在共享出行领域布局； 腾讯控股的南京网典科技有限公司向网约车企业广州祺宸科技有限公司投资。祺宸科技的经营范围涉及汽车租赁、网络预约出租汽车客运等
2019 年 5 月	腾讯发布"生态车联网解决方案"，将腾讯内容服务生态接入汽车中，为用户提供更智能的驾驶体验； 腾讯发布 5G 车路协同开源平台，助力智能网联汽车应用落地； 腾讯发布自动驾驶城市仿真平台，包含多种自动驾驶传感模拟器； 腾讯发布车载微信，将微信与汽车相连，用户可通过方向盘操控微信，更能保障用户安全
2019 年 6 月	腾讯与亿咖通科技签署战略合作协议，共建共享出行； 腾讯与广汽携手打造的"如祺出行"正式上线； 腾讯与东方汽车签署战略合作协议，双方将在汽车安全、自动驾驶、智慧物流等方面展开合作
2019 年 8 月	腾讯发布微信车载版，在长安汽车中率先应用

与之前专注投资和 TO C 市场的做法不同，上述行动都与产业互联网及 TO B 相关，对于腾讯来说，这不是简单的战略调整，而是思维方

式的大幅度转变。在产业互联网的模式下，TO B 让腾讯拥有了更大的盈利空间。

不过，产业互联网在发展过程中也存在难点。首先，产业互联网需要先进技术的支持，同时会推动产业组织变革；其次，产业互联网需要所有产业及所属企业进行互联，这种互联也不像消费互联网那样进行单点突破便能立竿见影；最后，产业互联网对基础设施的要求较高，对资金投入的需求也非常大。

要解决这些难点，就必须将国家、互联网企业、传统企业三者的力量综合起来，建立起一个完整的产业互联网框架。这其中，国家进行引导和扶持，互联网企业提供技术创新，传统企业进行内部组织改革并接纳新模式，三者需要彼此配合，协调推进。

中国经济不断发展、垂直行业体量变大、中小型企业融资渠道逐渐畅通、传统产业急需转型，这些都是将产业互联网推向风口的强大力量。未来，在腾讯等企业的共同带领下，产业互联网将全面爆发，TO B 也将驶入发展的快车道。

4.　人工智能等技术迅速发展

TO B 领域比 TO C 领域需要更为强大的技术支持，而目前多项与 B 端相关的技术得到了迅速发展，这其中最有代表性的就是人工智能、大数据、区块链、物联网、云计算等。这些技术的融合应用促进了 TO B 市场的发展。

（1）人工智能

人工智能在企业中的应用能够让企业发生革命性的变革，以财务管理为例，很多"人工智能+企业财务管理"的解决方案已经成功落地，并在企业中得到了很好的应用，智能票夹、智能报账、智能派单、智能税控、智能报告等都已成为现实。这些解决方案都是人工智能赋能 TO B 业务的最佳体现。

（2）大数据

大数据可以对企业价值链进行优化，帮助企业实现效率的最大化。同时，通过大数据，企业可以深度分析价值链上的各个环节，实现业务创新。另外，大数据还可以助力信用体系的建立。信用体系是用大量数据堆砌起来的，这些数据涉及多种来源、不同评价维度。对于 TO B 企业来说，多源异构的数据处理和分析是非常大的难点，而大数据技术可以解决这个难点，从而使信息体系得以高效建立。

HighGroud（美国的一家软件企业）创建了一个可以从员工交流中挖掘数据的系统。各企业都在寻求能够帮助提升员工参与度的新途径，希望借此优化企业内部在绩效管理方面的沟通。HighGroud 抓住了企业的痛点。通过这个系统，HighGroud 的目标是能够为企业业务领导提供更好地、持续地洞察。企业可以清楚地知道每一个员工的情况，企业的人力资源工作也能够更加顺利地进行，人力资源部门不仅可以使用数据来预测员工的敬业度，还能够知道员工什么时候可能会跳槽。此外，通过这个系统挖掘的数据，企业可以找到更合适的管理策略，同时发现那些潜在的优秀人才。

借助 HighGroud 的数据挖掘系统，企业可以对员工有更深入的了解，而这也将成为企业激发员工工作积极性和价值的重要依据。HighGroud 利用大数据解决了企业在员工管理方面的痛点，为 TO B 市场的发展增添了新的动力。

（3）区块链

区块链是一个不依赖第三方、通过分布式节点进行数据存储、验证、传递和交流的技术方案，同时它也是一个分布式账本，任何人在任何时候都可以采用相同的技术标准生成新的信息、延伸区块链。区块链是去中心化的，同时具有公开透明性、不可篡改性与可追溯性的特性，这与 TO B 业务有着天然的契合性。具体来说，TO B 业务以中介的方式解决信息不对称的问题，而区块链的去中心化、不可篡改性等特性有利于加强各方之间的信任。

Credit Tag Chain（以下简称 CTC）是一个以区块链为基础的服务网络，其主要作用是加强用户与信贷机构之间的联系，为两者构建起信任的桥梁。CTC 的运行逻辑是，信贷机构在用户冻结一定数额的 Token（令牌）之后，会向其发放高于 Token 价值的法币贷款。如果用户正常还款，冻结的 Token 将会被解冻，回到用户自己的账户。这一过程中的所有数据都会被区块链记录和储存下来，以便实现可查询、可追溯。对信贷机构来说，增加了有效的抵押品，降低了信贷风险；对用户来说，尤其是没有信用记录的征信白户或薄户，如果他能够正常还款，这个行为会被记录在链，构成他的一个信用记录。良好的信用记录对贷款用户以后的借款及以后其他的商业行为或者金融行为都是有帮助的。

在 CTC 的助力下，各大信贷机构可以通过区块链进行数据交换和数据共享，这可以大大降低借贷的风险。此外，通过打造一个去中心化的征信体系，CTC 不仅平衡了信贷机构之间的关系，还使信贷业务走向规模化。

（4）物联网

物联网是通过各和信息传感设备，如激光扫描器、红外感应器等，根据已经约定好的协议将物品和互联网连接在一起，进行信息交换及通信，从而实现智能化的识别、定位、跟踪、监控及管理的一种网络。

物联网在智能制造中得到了比较广泛的应用。有了物联网之后，生产、质检、仓储、物流、营销、服务等各个环节开始走向互联网化，这些环节之间也实现了高速率、低时延的互联互通。此外，物联网还可以对数据进行采集和处理，让制造变得更智能。

2019 年 6 月，5G 商用牌照下发，三大运营商加紧了对 5G 基站的建设，华为、小米等互联网企业也纷纷与三大运营商合作开发出各种 5G 应用解决方案。未来，随着 5G 基站的全面建设，5G 网络将会覆盖更多的地区，借助 5G 网络的大宽带连接，更多的物联智能终端能同时接入网络并运行。同时，5G 能为物联网提供高速率、低时延的优质网络，这对扩展物联网应用、促进物联网和互联网深度融合有重要意义。同时，B 端市场也会逐渐被物联网和 5G 网络颠覆。

（5）云计算

作为 TO B 领域的又一技术，云计算近年来的发展趋势同样迅猛。市场研究机构 Gartner 发布的报告显示，2018 年，全球云计算市场规模达到 2720 亿美元；预计到 2023 年，全球云计算市场规模将达到 6233 亿美元。目前，企业对云计算的认知日趋成熟，政府机构也在不断完善行业标准，对云服务提供商进行严格监管，从制度上保障了云服务的安全性。阿里巴巴是我国云计算领域的领头羊之一，其旗下的阿里云在云计算方面进行了缜密布局，如表 1-3 所示。

表 1-3 阿里云的云计算布局

年　份	布 局 内 容
2008 年	阿里云开发出具有代表意义的云计算系统"飞天"。"飞天"的诞生填补了我国大数据处理的空白，阿里云开始承担起各大现象级流量任务
2012 年	首个"双十一"购物日上线，在阿里云的支持下，淘宝和天猫不仅达到了 191 亿元的总销售额，还创下多个纪录，这在以前是不可想象的
2015 年	阿里云承接了 75% 的春运高峰网络查询、购票任务，避免了 12306 官网因同时间使用者过多而崩溃的情况发生
2019 年	阿里云推出了 SaaS 加速器，为 SaaS 开发者提供更好的支持。同时，阿里云将加大行业投入，聚焦新零售、新金融和数字政府三个领域

接下来的十年是经济转型、市场变革的关键十年，人工智能、大数据、区块链、物联网、云计算等技术正在积聚力量，催生一些新行业、新模式、新业态，这将给 TO B 领域和 TO B 企业带来更多的发展机会。

5．人口红利的消失

国家统计局数据显示，2019 年新增人口数量较之前有所减少，出生率持续走低，60 周岁及以上人口占比不断提高，劳动人口数量也开始下降，这些都在一定程度上表明，人口红利正在逐渐消失（本节所讨论的人口红利指的是 TO C 领域的人口红利，而目前中国绝大部分的企业面向的都是 C 端市场）。那么为什么会出现这样的情况呢？人口红利逐渐消失的 4 个原因，如图 1-1 所示。

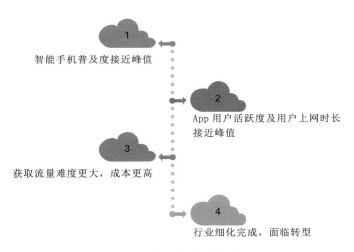

图 1-1　人口红利逐渐消失的 4 个原因

（1）智能手机普及度接近峰值

TO C 市场兴起的主要原因是智能手机的大规模普及。智能手机以其特有的便携性、丰富性逐渐打败了传统的电脑端，使移动互联网用户快速增加，TO C 发展空间也随之变得越来越大，很多企业可以以较小的成本快速获得流量。

如今，智能手机领域在历经迅猛发展之后，增速开始放缓。中国信息通信研究院的数据显示，2019 年第二季度，中国智能手机出货量为 9790 万台左右，同比下滑 6.1%；2019 年上半年出货量为 1.8 亿台左右，相比 2018

年上半年下滑 5.4%。

随着智能手机渗透率的不断提高，中国成为智能手机普及度较高的成熟市场之一。同时，用户更换智能手机的周期延长，对品牌、性能、创新提出了更高要求。因此，企业必须付出大量努力才可以在 C 端市场分得一杯羹。

（2）App 用户活跃度及用户上网时长接近峰值

目前，很多 App 的用户数量已经接近饱和，以微信为例，2019 年微信数据报告显示，2019 年第一季度，微信的月活跃用户数量超过 11 亿人次，而同期中国人口数量约为 13.9 亿人，除去年纪太大和太小几乎不会使用智能手机等设备的人群，11 亿人几乎已经成为一个峰值，用户数量再难进一步增长。

另外，我国网民的上网时长也达到了峰值。中国互联网络信息中心数据显示，2019 年上半年，中国网民的人均每周上网时长为 27.9 小时，达到近年来最高。这样计算下来，我国网民的人均每天上网时长约为 3.99 小时，除去工作、睡觉、吃饭及处理其他事情的时间，可供增长的时间已经所剩无几。由于 App 用户数量和网民上网时长接近饱和，企业必须有足够的实力和优势才能与同行进行高强度竞争继而占据市场，这样做的难度无疑是巨大的。

（3）获取流量难度更大，成本更高

在互联网的发展过程中，用户也在不断学习，对事物的了解更加全面和具体，在眼花缭乱的信息中也已经可以进行客观分析，企业很难再轻松获得流量。另外，用户在消费时也越来越理性，对产品也越来越挑剔，所以企业必须不断进行革新，增加用户体验，才能留住用户，墨守成规很容易就会被淘汰。

而且现在企业获取流量的成本也不像过去那样低廉，从流量的成本占在线广告收入的平均比例来看，百度的这一比例从 2009 年到 2019 年增长

了约 10 个百分点，这意味着中国互联网企业获取流量的成本越来越高。

（4）行业细化完成，面临转型

目前，C 端市场大部分行业的细分工作已经基本完成，拥有资本优势的企业在行业内的地位非常稳固，并牢牢地把控住了未来的发展趋势。在这种情况下，巨头垄断的现象越来越多，新兴的创业企业难以崛起，短时间内无法为市场注入新的活力。

总之，当前 TO C 领域正在面临一次重要的转型，即从人口红利向技术红利的转型。用户从增量基本已经转变为存量，企业必须对技术的价值和意义进行重新认识、重新评估，利用技术创新开拓全新的市场，以此确保用户留存率可以达到较高水平。

6. 供给侧改革

供给侧与需求侧是相对概念。在需求侧，主要由投资、消费、出口三股主要力量来拉动经济，即俗称的"三驾马车"；而供给侧包括四大要素，分别是劳动力、土地、资本和创新。需求侧"三驾马车"和供给侧"四大要素"如图 1-2 所示。

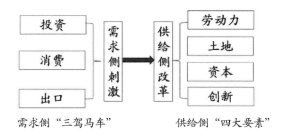

图 1-2　需求侧"三驾马车"和供给侧"四大要素"

供给侧改革的目的是调整经济结构，实现供给要素的最优配置，以便提升经济增长的质量和数量。《人民日报》社论曾提到，我国经济增速经历了波动下行，经济运行呈现出新的态势和特点。其中，供给和需求不平衡、不协调的矛盾日益凸显，供给侧对需求侧变化的适应性转变明显滞后。

在这种情况下，就需要适度扩大总需求，加快推进供给侧改革，用改革的办法消除供需结构错配和要素配置扭曲等痛点。同时，减少无效和低端供给，增加有效和中高端供给，促进要素流动，优化要素配置，也能更好地实现供需平衡。

供给侧改革分为两部分，第一部分为互联网行业的供给侧改革，第二部分为传统行业的供给侧改革，如图 1-3 所示。

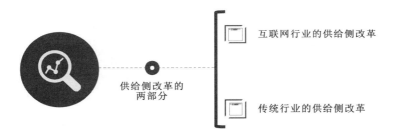

图 1-3　供给侧改革的两部分

（1）互联网行业的供给侧改革

目前人口红利逐渐消失，互联网行业的发展受到影响，通过原有运营模式和技术手段获利的难度越来越大，企业必须尽快转型。同时，整个 TO C 市场被以 BAT 为代表的巨头垄断，留给其他企业的空间其实非常小，其他企业想要脱颖而出比较困难。

因此，企业必须找到独特的盈利模式和业绩增长点，并确立新的市场定位，打开下一片蓝海，而从目前的情况来看，较为理想的蓝海就是 B 端市场。现在的 B 端市场就好像十几年前的 C 端市场，绝大部分领域还处于增量阶段，企业可以有很多机会。

美团联合创始人兼 CEO 王兴认为，供给侧改革的一个重要驱动力就是让整个产业供给侧实现互联网化、数据化。通过为市场问题提供更多解决方案，供给侧商家的经营可以获得提升，并实现效率提升、成本改善、服务创新。

（2）传统行业的供给侧改革

和互联网行业一样，传统行业在之前的很长一段时间内都享受着因我国庞大的人口基数而带来的人口红利，这使传统企业的创新动力不足，无效和低端的供给过多，产能过剩并且利用率偏低，最终导致了整体增速下降。

由于供给侧的结构变革滞后于需求侧的结构升级，无法提供有效供给和中高端供给，人们对高质量产品的需求难以得到满足，于是出现大量购买境外产品的现象，最终造成国内需求的外流。

在产业结构方面，我国低附加值产业、高消耗产业、高排放产业占比较高，而高附加值产业、低碳产业的占比较低。以钢铁业为例，低附加值的“地条钢”在市场上很常见，高附加值的“特殊钢”产能却严重不足。“低效率”“低附加值”成为很多产业的标签，减能增效的迫切需求为 TO B 市场打开了一扇大门。

某煤电企业曾因煤价下跌一度濒临倒闭，近年来，企业大力推进减能增效、降本增效、技术升级，并引进新型设备，到 2019 年，在煤炭产能减少 170 万吨的情况下，该企业的利润反而增长了近 40%。

传统企业想要转型和革新，借助 TO B 企业提供的新技术和新模式是非常不错的策略。对 TO B 企业来说，变革生产模式，减少无效供给，加快淘汰落后产能，改变传统生产要素的供给方式和供给结构，提高供给体系的质量和效率，实现供给与需求无缝对接、创造新供给、释放新需求都是当务之急。

心怡科技立足于技术创新和产业协同，加快供应链改革步伐，力求帮助企业减少无用库存、降低土地闲置率、消化过剩产能、提升整体运作效率。自进行全球化布局以来，心怡科技为跨境业务提供了采购、营销、代运营、物流配送一体化等服务，为其他企业提供了智能高效的供应链管理服务。供给侧改革无疑指引了企业发展的大方向，无论是互联网行业还是传统行业，要想跟上时代潮流，就必须积极布局 TO B 领域，建立并发展 TO B 业务，实现企业的转型升级。

第 2 章

与 TO C 相比，TO B 的逻辑截然不同

在市场刚需和国家意志的影响下，很多企业已经感受到了 B 端市场的巨大潜力，但对如何拓展相关业务，有些企业却不得其法。于是，有一部分企业索性将在 C 端市场的运营模式生搬硬套到 B 端市场。殊不知，与 TO C 相比，TO B 有着截然不同的逻辑。

早在 2015 年，B 端服务创业潮就出现过一次。IT 桔子提供的数据显示，仅在 2015 年第一季度就有 461 家 TO B 企业成立，全年则达到了 1272 家。但这一数字在 2016 年出现了断崖式下跌，2016 年全年仅有 313 家 TO B 企业成立。

在 TO B 企业数量大规模下跌的背后，隐藏的是整个市场的混乱和从业者的不专业。例如，在北京某地区工商局半径一千米内有很多家从事 B 端服务的企业，这些企业的规模普遍较小，所提供的服务种类大体相同，但服务标准和收费情况却有天壤之别，同时其服务效果也有很大差别。一些企业生硬地将在 C 端市场的运营模式搬到 B 端市场，此时企业往往是很难实现成功转型的，要想成功地发展 TO B 业务，企业就要了解 TO B 的逻辑。

1. 输出综合服务体系，产品与服务打磨期长

TO C 和 TO B 最大的区别是产品所面向的群体不同，TO C 产品面向的是个人，TO B 产品面向的是企业。对比而言，TO C 企业的很大一部分工作是把产品做好，然后交付到客户手中，客户基本上都是即时消费，售后服务也不会持续太长时间；而对于 TO B 企业来说，将产品做好并交付出去虽然很重要，但服务体系也占整体工作的很大比例。

由于 TO B 与 TO C 有很大差异，因此 TO B 企业要形成符合自身特性的运营模式和发展策略。TO B 企业拥有 3 个特性，如图 2-1 所示。

图 2-1　TO B 企业的 3 个特性

（1）专业性要求高

一方面，TO B 企业的专业性表现在产品的实际应用上。TO C 产品普遍追求客户的感官体验，哪一款产品的体验效果更好，客户就会选择哪一款产品。但 TO B 产品却并不一定这样，如 ERP（ Enterprise Resource Planning，企业资源计划)、OA（ Office Automation，办公自动化)、CRM（ Customer Relationship Management，客户关系管理) 等传统系统，它们的交互流畅度一般，外观设计也并不那么完美，但它们可以解决企业管理的问题，让企业的资产调动起来，降低企业的成本，较好地管控员工，这些都对提升企

业效率有非常大的作用。总之，TO C 产品是为了让客户用得舒服，而 TO B 产品是为了帮助企业解决问题。

另一方面，TO B 企业的专业性还表现在对业务的了解方面。TO C 企业面向的群体是个人客户，他们对产品的理解大多停留在表层，基本上属于"小白"，较为专业的"发烧友"所占的比例非常小。因此，他们对产品的挑剔程度较低，这便于 TO C 企业快速发展、开拓市场。

但 TO B 企业所面向的群体则完全不同，其面向的是在各个行业具备一定专业性和声望的企业。所以 TO B 企业不仅要拥有先进技术以进行产品研发，还要对企业所涉及的业务有足够的了解，只有展现出极高的专业性，才能得到企业的认可和信任。对于 TO B 企业来说，不了解企业的业务，就意味着本来能够匹配的需求可能会被遗漏，本来能正确交付的产品可能会出现问题。

例如，对于从事游戏开发的企业和从事网络安全的企业，无论是要研发的产品还是进行谈判时的策略都是不一样的。针对不同类型的企业，TO B 企业需要提前了解其特点、业务规模、IT 架构等，否则提供的产品和服务就可能与企业的需求不匹配。

在 B 端市场，企业购买产品时会更加理性，这就要求 TO B 企业和其他企业应进行充分的价值沟通，建立价值认同。这样，其他企业才会更愿意去了解产品进而购买产品。所以对 TO B 企业来说，以销售者的身份与其他企业进行沟通不是有效的办法，最好是作为专家或顾问，为其他企业提供切实的帮助，而建立这些的重要前提就是专业性。

（2）服务体系综合性强

对 TO C 企业来说，只要产品研发工作不出现严重问题，整个运营过程便不会出现太大的问题。一般来说，TO C 企业面临的最普遍问题是产品与一些客户的个性化要求不匹配，但由于单个客户体量较小，出现类似问题之后也可以迅速解决。

但 TO B 企业面向的是与自己等量级甚至比自己量级更大的企业，所以对 TO B 企业来说，交付产品并不是最主要的工作，后续还要对产品的使用情况进行监测。一方面是因为大部分 TO B 产品并不是即时消费产品，TO B 企业需要持续不断地为企业提供服务；另一方面是因为企业的体量普遍较大，一旦出现问题难以迅速解决。

而且与 TO C 产品的购买者即使用者不同，TO B 产品的使用者和购买者一般是分离的，即决定是否购买产品的是管理者，而具体使用产品的是员工。由于会出现这种错配情况，TO B 企业应该建立从售前到售后的综合性服务体系。

此外，TO C 产品大部分都是免费的，因为 TO C 的商业模式是推广告、买流量和引流，所以对大部分客户来说，使用 TO C 产品不需要付费。但 TO B 产品大多都是收费的，因为 TO B 产品的研发难度较高，研发成本也非常大，同时 TO B 企业还要提供非常完善的服务，所以会有相应的服务成本。

产品的研发成本一般来说相对固定，但服务成本往往难以准确估量，所以如何对自己的产品进行定价也是 TO B 企业的一项重要工作。产品的最终价格不仅要符合产品本身的价值，还要保证企业愿意承担，当然，服务成本也必须考虑在内。

（3）产品与服务打磨期长

使用 TO B 产品提升效率的过程不是一蹴而就的。与 TO C 产品大部分客户都是即时消费不同，TO B 产品从研发到使用需要很长的时间进行打磨。而且 TO C 产品同质化严重，即使不满足客户的部分个性化需求，也不影响产品的使用，容错率相对较高。

但由于 TO B 产品个性化较强，每个企业遇到的问题都有所不同，其对产品的具体需求也会不同。为了满足不同企业的个性化需求，TO B 企业要不断革新，保证产品的个性化与灵活性。

各个行业的发展阶段瞬息万变，不同企业所面临的问题也有很大差异，这就要求 TO B 企业与时俱进，不断适应新的、个性化的需求。在夯实服务基础的同时，TO B 企业也要坚持打磨产品，保证产品的优化和迭代。

2. 获客成本居高不下，决策周期加长

一般来说，TO B 企业面向的群体具备两大特征：一是模式化程度较高，很难在短时间内改变原有的经营理念和商业模式；二是体量较大，一件事情往往需要经过不同部门、多个管理者的审批才可以真正通过。在开拓市场的过程中，这两大特征也给 TO B 企业带来了不同于 TO C 企业的问题：一是获客成本居高不下，二是决策周期加长。

（1）获客成本居高不下

首先，TO B 企业获客成本高的主要原因出在获客模式上。

TO C 企业常用的获客模式为大规模发布广告和进行创意营销，但这一获客模式对 TO B 企业很难奏效，因为企业一般都有很强的专业性，消费也相对理智，"天罗地网"却"营养不多"的广告很难打动他们，产品能不能提升效率、是否可以带来实际利润才是决定其是否购买产品的唯一标准。

部分 TO B 企业采取"大面积撒网，选择式捕捞""打电话+邀约+上门"等传统方法寻找企业，但在当下信息化、智能化的时代中，这样的方法已不再适用。例如，智能手机会将宣传产品的电话标记为骚扰电话或推销电话，这大大降低了 TO B 企业的获客效率和获客数量。

其次，销售人员会影响获客成本。

获客成本一般是指得到一个客户在市场、销售等领域所有开支的总和，特别是前端销售的开支。TO B 企业打开市场主要依靠销售人员与企业进行

洽谈，于是很多 TO B 企业由于扩张需要，招聘了大量的销售人员，而部分销售人员因技巧尚不熟练、对产品和目标企业的业务了解不深，导致单位时间内的签单较少，这不仅会影响整体的销售效率，还会使获客成本大幅度提高。

最后，对 TO B 企业而言，市场教育成本也是获客成本的一个重要部分。

我国的 TO B 领域刚刚起步，很多企业还沉浸在之前的人口红利期中，对通过引进相关技术和改变运营模式来提高效率的做法还没有清晰的认知，对 TO B 产品的接受度也普遍较低。在这种情况下，TO B 企业如果要打开市场并获得更多企业，就必须付出更多的时间、精力、成本，让企业了解采用 TO B 产品的重要性。

TO B 企业想要获得企业，第一步要做的就是解决信任问题。企业的信任一般来自这几个方面：产品质量过硬、管理者专业、运营体完善、能够持续提供服务、有标杆项目和真实案例、有第三方权威认证等。

很多 TO B 企业为了实现绩效通常将重心放在小型企业上，希望通过产品的增量来打开市场，但实际效果往往不如攻下一个大企业。因为 TO B 企业服务于大企业会在业内形成标杆效应，可以使流量主动进入。例如，智慧管理云平台理才网就是先与腾讯、华为等大企业达成合作，为之后向中小企业推广产品解决了信任问题。同时，理才网基于其人力资源领域的旗舰产品打开市场，同步在垂直领域进行深耕和产品拓展，进一步提升了 B 端市场的拓展效率。

在垂直细分领域，TO B 企业必须抓住行业及客户的核心痛点，在此基础上总结提炼成产品并不断发展和创新。例如，人力资源管理系统服务商"薪人薪事"的创始人常兴龙针对互联网行业变化快、发展迅速、人员流动大、招牌需求旺盛的特点，提出了针对互联网行业的专业数据化人力资源 SaaS 产品解决方案，兼顾了数据积累及统计分析的同时，通过 SSC 平台建设，将系统内数据一体化并实现了系统强大的对外对接能力。"薪人薪事"

解决方案结构，如图 2-2 所示。

"薪人薪事"解决方案

图 2-2　"薪人薪事"解决方案结构

基于互联网行业产品的成功经验及口碑建立，又逐步向教育、医疗生物及快消电商领域拓展，实现高效的行业覆盖。

对于已经建立合作的企业，TO B 企业应继续深入挖掘其所存在的需求。一般来说，已经建立合作的企业对产品已经产生了信任，这时 TO B 企业为其推荐其他产品和附加服务也更为简单。

在实际操作过程中，TO B 企业可以将已经建立合作的企业按需求层次进行划分，然后筛选出有进一步合作可能性的企业，并进行对应的宣传和引导。而且在这一过程中，已经建立合作的企业还很有可能会为 TO B 企业介绍新的资源，以此来帮助 TO B 企业形成纵向和横向的联动获客体系。

（2）决策周期加长

对于 TO C 产品，客户的决策时间一般比较短。例如，客户可能仅花费几分钟的思考时间就会买下一件衣服或一双鞋子。TO B 产品则完全不同。对于企业而言，员工要购买产品先要由部门经理批复，然后报到财务主管甚至总经理处进行批复。体量较大的企业还会设立专门的采购部门，对市场上的产品进行比质、比价，甚至还会开办招标会，筛选出一定数量的供应商后由上层管理者进行决策。

TO B 产品的客单价相对较高，这让很多企业变得更谨慎，甚至很多企业的管理者在评估 TO B 产品时，会列出有上百个问题的清单，而 TO B 企业需要逐个进行解答。因此，一份 TO B 产品的项目策划书往往要达到几十页甚至几百页。

这些因素导致了企业决策周期的加长，哪怕是中小型企业，成单时间都需要一两个月，而如果是规模较大的企业，成单时间甚至会达到一年以上。在如此长的决策周期内，随时可能会发生变故，这就要求 TO B 企业必须时刻紧跟企业，了解客户需求，为客户提供满意的服务。

对于企业来说，购买 TO B 产品如同更换"心脏"，这个"心脏"连接了很多重要的"血管"。因此，即使原本采用的 TO B 产品较市场上的其他 TO B 产品有一定差距，但一旦更换就需要进行一系列复杂、烦琐的流程，成本和难度都非常高，企业往往不会做这样的事情。

在应对企业决策周期加长这一问题上，居家设计平台和生态解决方案供应商酷家乐就采取了很好的解决措施。TO B 产品通常会出现购买者和使用者分离的情况，这就使企业在购买 TO B 产品时会考虑更多的时间。而酷家乐除了建立了完善的线上功能介绍、展示及免费试用机制，还推出了城市服务商合作模式，以专业代理团队的方式去接触服务各地的企业，能够让企业在购买产品时更迅速地了解产品的各个方面，减少企业考虑的时间。

在 TO C 市场中，线下活动、竞价推广、搜索引擎优化等都是常用的获客手段。如今，TO B 市场成为新的风口，商业逻辑发生了变化，产品的质量、企业的需求、优质的服务等在 TO B 市场交易中变得越来越重要。面对如此局面，TO B 企业不能只在获客渠道上下功夫，还要不断创新，提升获客效率。

3. 价值不易体现，需要部署、实施、使用

对于 TO B 企业来说，TO B 产品本身也存在发展难点，那就是和 TO C 产品相比，TO B 产品的价值不易体现，需要较长的时间周期来证明。但已经明确的一点是，TO B 市场前景广阔。以美国为例，过去几十年，美国诞生了多家千亿美元以上的 TO B 企业，如甲骨文、思科、IBM、Salesforce 等。

在欧美地区，仅是甲骨文、SAP 和 Salesforce 三家 TO B 企业的市值就达到了 4900 亿美元，Workday、ServiceNow 等 TO B 企业的市值也各自超过了 400 亿美元，但在国内，却鲜有市值超过百亿美元并专注于 B 端服务的企业。

国内 TO B 企业之所以发展滞后，除国内企业以技术提升效率的紧迫感不强以外，另外一个主要原因是 TO B 产品使用起来比较复杂，而且价值不易体现，市场一直很难打开。例如，全球 SaaS 企业排名第三的 ServiceNow，在发展初期也一直不温不火，主要是因为其门槛太高、对技术能力的要求太高，而且在实施过程中需要足够的底层平台进行支撑。

另外，由于国内企业的管理模式不够成熟，导致 TO B 企业所提供的产品和服务的优势，因为企业的执行力和管理水平不够而难以发挥出应有的效果。在这种情况下，TO B 企业要让企业知道如何使用 TO B 产品，才能拉动其购买意愿。在为企业提供服务的过程中，TO B 企业除要把产品交付出去以外，还要帮助企业完成部署、实施和使用，以保证产品可以产生企业预期的商业价值。

无论是 TO C 产品还是 TO B 产品，在设计开发的时候都有一个原则——使客户的学习成本降低。一般 TO C 产品较为容易实现这一原则，但对 TO B 产品而言，要实现这一原则却极为困难。

从主观上来看，一般的 TO B 企业能够使用的资源较为有限，而企业使用 TO B 产品主要是为了解决运营过程中所出现的问题。在这一情况下，

TO B 企业都会优先对产品如何解决问题进行设计，对如何将产品设计得简便易操作方面则不会思考太多。

从客观上来看，实现 TO B 产品的简便易操作也存在着很多困难。由于 TO B 产品面向的是专业的企业，门槛也相对较高，使用者需要具有一定的专业知识并且需要适应一段时间。此外，因为面向的是企业，TO B 产品往往会涉及企业的商业利益，所以 TO B 企业在产品的功能设计上必须做到细致、严谨。而如果是平台型 TO B 产品就更加麻烦，可能还涉及不同部门的协作、各个模块的衔接等。

例如，在中国电信客服的界面中，一个界面就有密密麻麻上百个功能，使用者需要完全凭借自己的记忆力和习惯进行操作。TO B 企业也没有太好的设计捷径可以方便使用者简单操作，这样的产品需要一定时间的学习才能达到基本使用的效果，其学习成本较高。

还有一些 TO B 产品必须经过专门的培训和讲解及一段时间的实践，使用者才能基本使用。要想降低 TO B 产品的学习成本，TO B 企业必须提供灵活有效的提示，并进行充足的使用测试，同时在设计之前深刻了解企业所开展的业务。

TO B 产品与 TO C 产品相比，一个很大的不同就是 TO B 产品更为个性化。TO C 产品的功能比较简单，一般不需要调研太多企业就可以完成设计，但 TO B 产品并非如此，很多时候，每调研一个企业，就可以为设计增添一个更有价值的发现。

TO B 企业可能常常会收到这样的建议：我们是小企业，需求并不是很多，产品不用设计得太复杂。但其实小企业的需求也并不简单，因为即使是再小的企业，其内部的业务逻辑也相当复杂，而且小企业往往会有很多不同于市场大方向的问题。正是因为企业不具备太多的共性，所以标准化的 TO B 产品并不能充分满足他们的需求。对于 TO B 企业来说，要想真正体现 TO B 产品的价值，就必须根据企业的实际情况进行有针对性的开发和部署 TO B 产品。

欧美优秀的 TO B 企业，如甲骨文、SAP 等都是经历了几十年发展慢慢成熟的，并且能够获得持续不断的收益。虽然 TO B 产品的价值难以以简单的方式量化，但只要 TO B 企业能够解决企业所遇到的问题，并提升其运营效率，自然也会获得收益。

4. 无法指数型增长，只能线性增长

通过对近几年的市场进行观察可以发现，TO B 市场不会像 TO C 市场一样突然出现指数型爆发增长，而是会以每年 2～5 倍的速度进行线性增长。而这也应该是 TO B 市场正常的发展速度，所以对 TO B 企业来说，最重要的就是要有耐心。

由于 TO C 市场的迅猛发展，绝大部分人都习惯了指数型的增长趋势。在 TO C 市场中，一家新成立的企业在一年之内拿到三轮甚至四轮融资的情况并不少见，但在 TO B 市场中，这样的情况很难出现。与 TO C 企业相比，TO B 企业的产品研发周期长、获得收益周期长等特点都使其发展得较为缓慢。

一般来说，TO B 企业比较容易获得天使轮和 A 轮融资，而到了 B 轮和 C 轮融资时，投资者会仔细分析 TO B 企业的营收情况。对于 TO B 企业来说，融资成功与否的关键评判标准就是收入和续费率，只有收入和续费率高的 TO B 企业才可能获得融资。

在美国，发展最快的从事 B 端服务的上市独角兽企业，其收入增长速度可能会达到 10 倍以上。但对大部分 TO B 企业，尤其是对国内的 TO B 企业来说，在创业初期的收入增长速度如果能达到 3～4 倍就已经很不错了，很难出现一年增长十几倍的情况，所以 TO B 企业需要耐心耕耘。

在 TO C 市场，原本的巨头很容易被后起之秀超越，一家规模巨大的 TO C 企业，如果不能跟上客户行为改变的浪潮，那么也会很快被市场抛弃。因为 TO C 企业追求的是"快攻"战术，企业进行指数型裂变增长是十分常见的，在这种快速增长的模式下，TO C 市场中的竞争是十分激烈的。

TO C 企业做产品的一般流程是这样的：首先，根据产品研发灵感研究客户需求，在最短的时间内做出一批可供客户使用的产品并快速进行试销售；其次，对产品使用情况进行数据统计和数据分析，并在此基础上对产品进行更新换代；最后，正式上线产品，获取利润并开展融资工作。

对 TO C 企业来说，谁的产品做得快谁就能在市场中占据主动地位。但前提是试错成本必须足够低，试错周期也不能太长，而 TO C 企业能根据客户的普遍需求研发产品，也能快速获得客户反馈并进行产品更新，这些都减少了 TO C 企业的试错成本及试错周期。

但对 TO B 企业来说，上述做法是根本行不通的。因为 TO B 产品面向的是企业，企业购买 TO B 产品就像是更换"心脏"，会对内部的很多重要"血管"产生影响，这其中包含了过高的试错成本，所需的时间和精力也非常多。因此，如果 TO B 企业像 TO C 企业一样通过"快攻"战术来追求指数型爆发式增长，那么很可能会达不到自己想要的效果，甚至会因为走上一条不正确的道路而被市场所淘汰。

当然，这并不意味着 TO B 企业只能缓慢前行，TO B 市场其实也会迎来爆发，但一定不会在前期，而会在后期。在 TO B 国际市场上，甲骨文、SAP 就是经历了几十年的发展过程才逐渐成熟的，而现在，这些巨头的地位依然无法撼动。

这是因为绝大部分企业在对一个 TO B 产品及其配套服务感觉到满意之后，就不会再轻易更换。而且 TO B 产品还牵涉了企业内部绝大多数的流程、权限和人员，因此更换 TO B 产品的过程也十分复杂。对于 TO B 企业来说，一个企业能够为其带来长久、多样的收益，一旦获得了企业的认可，后续诸如续费、运维、升级等方面的收入就会获得快速增长。

TO B 企业要想等到后期的爆发，就必须通过大量的市场调研找到真正可以做下去的 TO B 业务。由于 TO B 产品的个性化非常强，所以 TO B 企业进行市场调研所花费的时间和成本会比 TO C 产品多得多。TO B 产品是用时间和经验堆出来的，而且需要强大的技术做支撑。

TO B 企业三角兽就通过大量的市场调研，研发出了手机系统级功能"智慧识屏"，不仅获得了大量独家合作，还获得了非常好的市场份额。智慧识屏基于手机底层 OS 技术，通过用户按压手势触发，可以对手机自身和 App 软件中的任何一段文本进行意图识别，进而关联信息和服务等资源，增加手机交互体验。智慧识屏解决了人们每天在处理文本方面繁冗、复杂的痛点。

当用户在手机上遇到感兴趣的文字信息时，传统的搜索模式就是复制、粘贴——选择或复制文本、退出 App、调取一个第三方 App、再进行粘贴或打字输入并搜索，需要至少六七步才能完成信息查询的操作。像这样的操作，我们每个人每天都要在手机上进行 10～15 次。

而当手机具备智慧识屏功能后，只需"一点"，长按手机中任何文本信息，即可触发内置的自然语言理解能力，该能力将自动分析文本的意图，并识别里面有价值的实体，相关信息会以卡片的形式弹出，用户直接点击卡片就能够一步完成操作。智慧识屏的价值实体已跨越近百个不同领域，关联起用户在购物、快递、地图、餐厅、酒店、影视、音乐、动漫、明星等多方面的搜索需求。同时，三角兽推出的对话交互平台也被小米电视率先接入，成了后来小米的智能语音助手"小爱同学"。三角兽的服务器每天都要完成数千万次对话，海量的交互数据也为其建立起坚不可摧的技术壁垒。

在国内 TO B 市场刚刚起步的大环境下，短期内获得高回报是难以实现的。因此，TO B 企业应该沉下心来，进行市场调研和技术攻坚，只有对不同类型的企业有了深入的了解，并能提供高质量的产品和服务，才能在 TO B 市场上立足，继而实现后期的爆发，乃至成为独角兽企业。

5. 缺乏大众和媒体的关注度，推广难

在建立企业品牌方面，有些人认为 TO C 企业在初创期需要迅速建立品牌并利用各种宣传手段进一步扩大知名度和影响力，而 TO B 企业则不必急于考虑品牌方面的问题。这种看法并不正确，TO B 企业也需要快速建立品牌，以获得更多关注。

TO B 企业所面向的客户都是企业，企业会非常重视合作伙伴的品牌影响力，品牌影响力在一定程度上代表了 TO B 企业的服务水平。如果 TO B 企业的品牌影响力太弱，就要付出非常高的说服成本。

相比 TO C 领域，大众和媒体对 TO B 领域的关注比较少，TO B 企业的品牌推广工作也难以开展，而这种情况主要是由 3 个原因导致的，如图 2-3 所示。

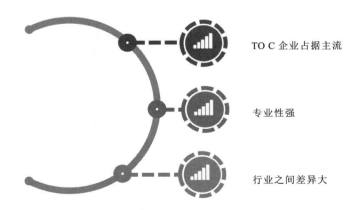

图 2-3　TO B 企业推广难的 3 个原因

（1）TO C 企业占据主流

在我国，TO C 企业与 TO B 企业的发展有很大不同，前者占据了主流，后者则显得比较低调。互联网巨头百度、腾讯、阿里巴巴、京东、拼多多的主营业务都是 TO C 业务，而抖音、趣头条等新兴互联网企业所涉及的也都是 TO C 业务。网络上与 TO C 相关的新闻有很多，与 TO B 相关的新闻则较少。

（2）专业性强

TO B 业务具有很强的专业性，不像 TO C 业务一样贴近生活、通俗易懂。一些人觉得 TO B 的新闻晦涩难懂，很多媒体为了阅读量也不会太多对其进行报道，即使有报道，阅读者也大多为 TO B 领域的从业人员。缺乏新闻报道及具有普及性的媒体宣传使 TO B 难以被大众所熟知。

（3）行业之间差异大

TO B 所涉及的行业非常多，行业之间的差异也特别大，难以做到互相理解。因此，即使在 TO B 领域内，也很难实现信息的广泛传播和共享，这又进一步压缩了 TO B 的推广范围。

对于 TO B 企业来说，如果想获得关注，实现进一步推广，就要建立企业品牌影响力。TO B 企业可以从 3 个方面建立企业品牌影响力，如图 2-4 所示。

图 2-4　建立企业品牌影响力需要做到的 3 个方面

① 精准定位。精准定位是建立品牌影响力的核心因素，因为 TO B 产品最终的落脚点是使用和效果，企业最关心的也是 TO B 产品能够给效率和收益带来多少提升。所以 TO B 企业一定要找到自己的核心竞争力，然后由此着手完成精准定位，并在推广的过程中切实地为企业解决问题、消除痛点及优化运营。

② 研发高价值产品。产品是建立品牌影响力的根基，TO B 企业必须不断提高自己的技术水平，结合企业的需求，为其打造满足其需求的产品。不同企业的需求是多样化的，TO B 企业要根据不同企业的不同需求为其打造个性化的 TO B 产品。越能满足企业需求、越能带给企业更好的使用体验的 TO B 产品才会具有更高的价值。企业能够通过产品认识 TO B 企业，TO B 企业的产品做得好，自然能够推动品牌影响力的建立和传播。

③ 扩大传播。在建立品牌影响力时，TO B 企业应该学会为自己造势，进一步扩大传播。首先，TO B 企业要建立良好的企业口碑，对于口碑较好的 TO B 产品，企业普遍是持信任态度的，其认为这是通过了行业质检的标志；其次，TO B 企业要通过各种渠道使自己的产品为人所熟知，这相当于是在所有潜在客户心中留下了一颗种子，随时都有可能因此促成交易，有些 TO B 企业认为在口碑营销上的支出和投入不划算，尤其是资金不够充裕的初创型 TO B 企业，毕竟转化效果比较难以量化。因此，成功客户案例（行业俗称"打样"）的建立就显得尤为重要。通过服务好所在领域的典型客户（1～2 家），以此作为口碑营销的基础，会比广撒网、期望多点开花的打法更有效率。

TO B 企业 Slack 主要提供企业通信服务，其在初创期的很大一部分增长来自口碑营销，而 Slack 之所以能够迅速获得亮眼的成绩：一部分是因为其产品具有非常精准的市场定位，可以充分满足企业的需求；另一部分是因为其创始人斯图尔特·巴特菲尔德的领导。

巴特菲尔德在创办 Slack 之前就已经非常出名了，因为他曾是图片分享应用 Flickr 的创始人。在 Slack 创立之初，巴特菲尔德利用自己的影响力为 Slack 做了大量的宣传，而这种宣传的效果非常显著。在 Slack 推出的第一天，就有约 8000 名用户注册试用了该软件，两周后，注册人数便提高了一倍，这为 Slack 日后的快速发展打下了坚实的基础。

除了 Slack，主营视频会议服务的 Zoom 也十分重视对品牌影响力的打造。在打造品牌影响力方面，Zoom 投入了大量的人力、物力、财力，其创始人兼 CEO 袁征表示，一定要让 Zoom 的品牌尽可能被更多的人知道。

为此，Zoom 在被称为"硅谷心脏"地区的 101 公路上利用广告牌进行广告投放，并且不断增加广告牌的数量，而一个广告牌每个月需要花费 5 万美元的租金。这样的广告花费对初创期的 Zoom 来说无疑是巨大的，但 Zoom 觉得相当值得。

除了广告牌，Zoom 选择的另一条路是在 NBA 中投入广告。Zoom 与金州勇士队达成了一项为期三年的合作协议，根据协议的规定，勇士队可以免费使用 Zoom 的产品，而 Zoom 则可以在勇士队的主场内得到一个品牌推广的广告位。

随着 TO B 市场的渐趋繁荣，很多 TO B 企业开始重视品牌影响力。而且大部分非常优秀的 TO B 企业有能力将自己的形象和信誉树立起来。同时，在建立企业的品牌影响力时，TO B 企业也需要注重品牌的联合推广和跨界营销。

6. TO B 企业得生态者得天下

与 TO C 企业相比，TO B 企业的商业模式更难打造。TO C 产品的使用场景比较单一，因此 TO C 企业需要做好单点突破。例如，在大部分人的认知里牙膏就是用来刷牙的，但许多企业从红海中找到蓝海，推出了诸如美白牙膏、防蛀牙膏、儿童牙膏等，很多时候 TO C 产品的研发就是来源于设计师的瞬间灵感。

而 TO B 企业则相反，TO B 产品的使用场景比较复杂。例如，一家 TO B 企业要为做包装的企业进行服务，而做包装的企业所要面向的目标对象非常多元，有可能是化妆品、食品、服装等。这反映出一个事实：TO B 企业必须具备提供定制化解决方案的能力，同时要对多个领域有足够的认知，否则就很难在 TO B 市场中站稳脚跟。

对于 TO B 企业而言，在打造自己的商业模式时，应该更倾向于建立生态合作，形成优势互补。一般来说，TO B 企业的商业模式包括以下几种类型：一是客户流，即帮助企业建立流量入口，引导流量进入；二是信息流，即为企业提供所需要的信息，帮助企业进行市场和产品的精准定位；三是物流，即为企业提供进货和出货的运输服务，统称为第三方物流；四是技术流，即为企业提供标准化的经营管理工具，帮助企业在内部运行和外部运营等方面提高效率；五是资金流，即为企业提供资金导入。

虽然不同的 TO B 企业有不同的商业模式，提供的产品也各不相同，但有一点是共通的，那就是 TO B 企业很少会做一次性生意。一般来说，TO B 企业都会和企业保持良好、持久的合作关系，而且 B 端服务项目较为复杂，所以必须注重商业生态圈的建立和维护。

例如，公共建筑装修一般来说都比较复杂，很多时候会让多个承包商进行施工，每个承包商完成一个环节。由于一个完整的工程被过度拆分，而不同承包商之间又互不熟悉，导致对接效率低下，工期也会因此被一拖再拖，而且很有可能出现质量问题。

TO B 企业面临的便是类似情况，企业的业务与需求非常复杂，如果没有良好的商业生态圈，则很容易陷入"盲人摸象"的境地。TO B 市场所涉及的范畴十分广泛，而其中普遍统一的趋势有 3 点，如图 2-5 所示。

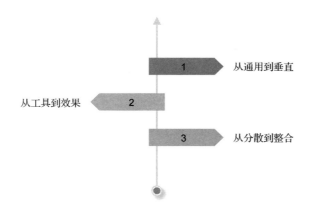

图 2-5　TO B 市场的 3 点统一趋势

（1）从通用到垂直

一般来说，做通用型 TO B 产品的 TO B 企业不容易在市场中占据有利位置。TO B 产品的个性化非常强，每个企业都会面临不同的问题，一个通用的 TO B 产品很难对应多个企业，如一套软件几乎不可能做到既适合建筑企业又适合食品企业。而且即使是同一领域的企业也可能会碰到不同的问题，所以对市场进行垂直细分才是 TO B 企业的正确做法。

（2）从工具到效果

一般而言，工具市场会分散，而效果市场会集中。如果 TO B 企业提供的 TO B 产品只是简单的工具，就难以吸引企业，而如果 TO B 企业提供的 TO B 产品效果属性较好，就会吸引企业来主动购买。

例如，两个 TO B 产品都可以提高管理效率，一个可以提高 30%，而另一个可以提高 60%，大部分企业就会选择管理效率提高 60% 的那一款产品。但是现在很多企业的管理模式不够成熟，可能无法发挥出 TO B 产品的全部效果，所以 TO B 企业还是要先以纯工具进行过渡。

（3）从分散到整合

目前，B 端服务已经基本上可以做到"云化"，但是整合程度远远不够，与欧美国家相比还有差距。如果 TO B 企业可以进行云整合，并建立起良好的商业生态圈，极大地提高效率，为企业提供更为便利、快捷的一站式服务，那么就可以改善这一现状。

位居国内商标申请量前列的知识产权服务平台"权大师"已经和国内最大的财税服务平台"慧算账"达成了战略合作协议，这将使双方的资源深度整合，两个领域的 B 端服务将被横向打通、彼此融合，两家企业的客户也将享受到更加完善的专业化服务。达成合作之后，"慧算账"会通过对应接口，在所有的加盟店直营店里推广独家战略合作伙伴"权大师"的知识产权服务，"权大师"也会将有工商财税需求的企业直接接入"慧算账"，双方可以为客户提供税务筹划、代理记账、公司审计到商标注册、专利申请及其他知识产权类服务等全方位一站式解决方案。

作为百度人工智能生态战略中金融业的重要组成部分，度小满金融拥有丰富的金融场景，每天有数亿的用户搜索旅游、装修、教育培训、3C 产品等内容，从用户的搜索内容可以看出很多人的金融需求得不到满足。度小满金融希望将传统金融体系的优势和金融科技企业强大的技术能力进行融合，形成优势互补，共同推进金融业的发展和变革。例如，度小满金融、百度智能云与亿联银行于 2020 年 4 月签署战略合作框架协议，三方将基于各自资源优势，在金融科技、资产、负债、支付、公司金融业务等领域全面深化战略合作。根据合作协议，度小满金融将利用大数据优势为亿联银行提供零售信贷业务的整体解决方案，双方将合作搭建零售金融产品销售平台，开展直销业务和客户运营。同时，度小满金融已形成覆盖金融业务全流程的 AI Fintech 解决方案，构建了包括智能获客、大数据风控、身份识别、智能投顾、智能客服等多项核心能力，并打造了云帆消费金融开放平台及磐石一站式风控平台，目前已经和数百家金融机构达成了合作。

当前，科技已经成为帮助传统金融转型升级的核心。普华永道发布的报告显示，68%的传统金融机构预计，未来三至五年内将不断加强与金融科技企业的合作，以跟上市场发展的步伐，实现创新。

除国内 TO B 企业开始着手建立 B 端服务的商业生态圈以外，国外 TO B

巨头也开始布局中国市场。甲骨文已经和上上签电子签约云平台达成战略合作，进军电子签约 SaaS 服务市场，依靠 Oracle SuiteCloud 平台，在庞大的中国市场打造 SDN（Software Defined Network，软件定义网络）战略生态。借助甲骨文与上上签的战略合作，企业将在 Oracle SuiteCloud 平台更快、更简易地部署上上签的完整电子签约服务，快速享受智慧企业的红利。上上签电子签约为企业打造了覆盖电子合同"全生命周期"的完整解决方案。企业可借助电脑、手机、平板等终端设备，随时随地完成电子合同的实时签署、管理，并确保其安全、合规、不可篡改。通过 Oracle SuiteCloud 平台，上上签电子合同应用场景将扩展至物流、采销、HR 管理、金融、市场、运营等不同领域，帮助企业在合同起草、沟通、决策支持、审批、管理、归档、续约、公证、司法鉴定、仲裁、保障等环节实现更加高效、低成本的智能运营。

在发展 TO B 的道路上，合作即共赢，互补即优势放大。另外，TO B 企业还应该多多关注建立合资企业这一方式，这一方式与达成战略合作相比，联合的力度更大，可以使彼此的联系更紧密，研究方向更有针对性，推出新产品的效率更高，也更利于各方投入更多的资源。戴尔数字化转型指数 2020 显示，"技术合作伙伴太少"是 20% 以上的受访企业想成功实现数字转型所面临的共同难题。这意味着，1/5 的企业认为他们没有找到合适的合作伙伴生态来帮助其完成蜕变。但即便如此，对于这些企业而言，依然有很多机会。那么，如何通过合作伙伴关系实现 TO B 领域的突破呢？

（1）建立生态同盟，发挥最大商业价值

在当前的商业环境下，让生态发挥最大的商业价值是企业取得成功的关键途径，因为技术并不是市场的终极解决方案。每一项技术的投资都需要时间、资源和研发能力，而在市场上来看，这些往往看上去需求旺盛，但可用性却极其低下。企业正意识到，可以先简单地与其他优秀企业合作，从而创造出更强大的产品和服务，而不是试图把所有东西都放在一个"篮子"里（也就是说，不要妄想把所有能力都集中在自己的手里）。未来，科技会变得更复杂，与伙伴一起合作完成可能是唯一现实的选择。那些选择不在互补生态中发展的企业会怎么样呢？从欧洲的情况可知一二。

有报告显示，欧洲在人工智能这场竞赛中处于落后的状态。为什么？研究显示，60%的企业不与其他企业共享数据。更糟糕的是，58%的企业接收到数据，却没有有效地利用。这或许与数据隐私法案（GDPR，欧盟于2018年5月25日全面实施的《一般数据保护法案》）有关。法案明确要求无论直接或间接识别到个人的资料，都属于个人数据范围，政府或者民间组织，均有义务保护因为业务需要所搜集、处理、利用的个人数据。无论什么原因，欧洲在人工智能发展过程中过于保守的思想，都让其付出了巨大的代价。

（2）扩大客户和伙伴资源池

当你扩大人脉的时候，潜在的客户和合作伙伴资源也在同步扩大，这正是构建科技和商业生态的意义所在。"术业有专攻"，你要清醒地认识到每家企业都有自己所擅长的能力，尊重社会分工并各取所长，给愿意合作的伙伴敞开大门。

与其把优秀的企业看作竞争对手，不如将这些优秀的企业看作自己成长过程中潜在的资源（可以向他们学习，并提升自己），他们既有可能是愿意购买你产品的客户，也有可能在不同层面帮你提高服务和技能。

过去几年，我们看到了一个重大的转变：深化技术合作，以推动数字转型。大型系统集成商早就明白这一点，凯捷和埃森哲等公司与 SAP、Salesforce 和甲骨文等公司紧密合作，提供大量的企业软件解决方案。这些合作关系正在迅速扩大，新型关系正在形成，以帮助企业快速扩大规模，并兑现用技术解决复杂问题的承诺。

因合规和监管问题让富国银行面临巨大的挑战，且 IT 系统也极其复杂，Splunk 和 HPE 合作有效地满足了富国银行复杂的混合云需求。我们看到的一个有趣的现象是竞争激烈的行业巨头合作越来越频繁。例如，微软、

Adobe、C3.ai 的合作来赋予 CRM 新的能力和价值。资料显示，2020 年 10 月，微软、Adobe 和 AI 软件提供商 C3.ai 合作发布了一款新的 CRM 产品，名为 Microsoft Dynamics 365 支持的 C3 AI CRM。

在这个过程中，挑战与机遇并存。尽管上面提出了一些建议，但是在执行的过程中也要注意以下几点。

① 首先，建立强大而成功的技术生态，不仅需要技术侧有互补的能力，还需要伙伴之间有共同的价值观。事实上，即使很多人能够意识到商业生态和伙伴关系的重要性，但在实际推进过程中会发现各式各样的问题和阻碍，其中一个核心问题就是企业的价值观不同。例如，你的企业关注的是核心客户价值，就会以客户为中心，而不会只注重销售、增长或其他业务竞争力指标，那在选择合作伙伴时就应当以此为合作的基本出发点。

② 其次，生态系统不仅要关注外部生态的构建，更应关注企业内部的生态健康。有意识地去培养合作共赢的企业文化，同时激发员工创造价值的欲望，往往是 TO B 企业成功道路上关键的转变。我们往往能听到国内大型企业内部部门墙森立、不同的团队各自为战、资源不共享等问题，这需要从组织架构、企业机制的底层去进行变革，并非易事，需要企业管理者有很大的决心、魄力和持续的投入。

7. 落地难，但有厚积薄发之力

2020 年，一场突如其来的新型冠状病毒肺炎疫情让很多企业停工停产，各个领域的经验已经不再适用于这种变化，提升抗风险能力成为企业生存与发展的重点。面对如此局面，企业进行数字化转型是十分有必要的。

对于企业的数字化需求，TO B 领域其实早就已经有所察觉，这也极大地带动了 TO B 业务的火爆，但是 TO B 的落地程度并不是非常理想。疫情出现之后，很多企业为了自保积极进行数字化转型，TO B 业务也因此逐渐落地。

对于 TO B 企业来说，能否实现 TO B 业务的落地，将决定自身未来的走向和在市场中的地位。无论是提供产品和服务的 TO B 企业，还是需要产品和服务的企业，都已经进入了发展的关键时期。

那么，TO B 业务的落地程度如何？谁可以成为新的竞争阶段中的佼佼者？疫情期间，腾讯、阿里巴巴都充分展示了自身的 TO B 能力，如推出健康码、优化协同办公工具（钉钉、企业微信等）。

对于 TO B 这一蓝海市场，腾讯、阿里巴巴、华为等都把重点放在了云服务上，但是云服务所需的成本高，变现的周期也比较长。目前，虽然 TO B 领域的机会很多，但是很多 TO B 企业的打法还处于试水阶段。要想让 TO B 业务真正落地，还有很长的一段路要走。

此外，随着企业数字化转型的需求越来越迫切，再加上疫情的出现，TO B 的痛点也比之前更加突出。接下来，TO B 企业之间的竞争将愈发激烈，其落地能力也将受到极大的考验。同时，需求承接能力也在很大程度上决定了 TO B 企业是否可以脱颖而出。

因为疫情也让很多大型企业受到了影响，所以其同样有数字化转型的需求。对于 TO B 企业来说，要想打开局面，尽快将 TO B 业务落地，必须获得大型企业的支持和认可。一旦拿下大型企业，TO B 企业的声誉和形象就可以得到优化，自身的竞争力也会凸显出来。

这样的场景虽然十分美好，但是实现起来难度很大。TO B 业务的落地需要 TO B 企业在两个方面有深厚积累：一是对需求的洞察力；二是自身的技术实力。纵观腾讯、阿里巴巴、华为等在疫情期间重点开展 TO B 业务的巨头，都具有强大的资源和"硬核"技术。

除腾讯、阿里巴巴、华为以外，京东的表现也可圈可点。2020 年 5 月，京东正式发布"新动能计划"，该计划以云计算、人工智能、物联网、大数据、区块链等技术为基础，致力于为企业的数字化转型提供基础设施，帮助企业实现协同管理、智能采购、智能中台。"新动能计划"展示了京东的 TO B 能力，其主要目标是为企业解决技术难题。

近几年，京东在不断加码 TO B 业务，同时根据发展战略和市场形势的变化及时更换"打法"，"新动能计划"的推出便是佐证。与 C 端用户不同，B 端企业作为一个组织，有着严格的管理流程，需求也更加复杂，如果服务产品不能够深度融入企业运转的场景，往往容易沦为"空中楼阁"，这也是传统技术企业在进军 TO B 市场时容易犯的错误。目前，服务企业数字化转型的产品和企业非常多，但在企业实施落地的过程中，往往会出现解决方案与企业日常管理实际不适配、技术效能难以发挥、企业数字化成本高和落地难等问题。而京东新动能计划的推出，就致力于解决企业数字化落地难的共性问题。

"京东新动能计划"的一期选取了京东多年来积累的零售基础设施和技术服务产品，场景覆盖全、企业复用率高、技术应用价值反馈好的六大技术能力组件——京采云、NeuFoundry 智能中台、智能交互 RPA、京东智联云会议、协同办公平台和京东专有云，组成"京东新动能计划"的技术底层。企业客户可以通过"京东新动能计划"，快速调用京东的成熟技术模块，同企业现有的技术平台进行融合和应用，从而大幅降低开发成本及数字化转型门槛。

与此同时，"京东新动能计划"将六大技术能力组件基于企业在不同场景需求进行个性化、定制化组合，形成"京东新动能计划"应用层——智能协同管理解决方案、智能采购解决方案及智能中台解决方案。

为落地"京东新动能计划"，京东集团进行了资源的深度整合与协同，由深耕企业市场多年的京东企业业务与承载着京东对外输出技术服务核心通道的京东智联云共同承担，两者一个是了解企业的行业智库，一个是富有经验的智能技术提供者，这也决定了"京东新动能计划"在易用性、适配性和可落地性上具备行业竞争壁垒。

通过"新动能计划"，京东将自身的 TO B 能力进行规整和统一输出。在这个过程中，京东之所以能取得成功，是因为其过往经验的积累及技术与全链路能力的发挥。为了把握住数字化转型的需求，京东采取了落地性和创新性兼具的"打法"，这不仅有利于京东构建 TO B 市场上的竞争壁垒，还可以使企业迅速获得数字化能力。

第 3 章

TO B 的基因：科技型企业具体特征

长期以来，国内从事 B 端服务的科技型企业在发展模式的构建上普遍最重视销售，其次是产品，而服务则被排在最后一位。这主要是因为国内的投资者和创业者见惯了 TO C 市场的快速发展，在企业运营中会关注有多少客户和利润。相反，国外的很多 TO B 企业往往更重视与客户的合作，会用几年的时间细细打磨产品和服务。

因此，从事 B 端服务的科技型企业需要将主要精力放在产品的研发和服务优化上。另外，在开拓市场方面，这些科技型企业还应该以寻找盲点为主，用核心技术和运维质量形成坚不可摧的竞争壁垒，进而占据优势地位。

1. TO B 的发展速度已经被严重低估

最近几年，国内很多 TO B 企业根据市场的需要，将发展模式由原来的重销售逐渐转变为现在的重产品和重服务。同时，TO B 领域的投资者和创业者也开始回归理性，国内 TO B 市场生态整体趋好。

另外，从进化的角度看，TO B 已经从"TO B1.0"发展到"TO B4.0"。

其中，"TO B1.0"主要以信息服务为核心，出现了"在线浏览，离线交易"的商业模式；"TO B2.0"以电子商务和供需匹配为主要推动力，出现了在线支付和撮合交易；"TO B3.0"促进了线上线下融合，综合服务成为主流；"TO B4.0"实现了贸易效率的划时代增长，人工智能、大数据、物联网将对商业贸易形成有效支撑。

在上述进化过程中，科技型企业的具体特征也发生了变化。以现阶段的"TO B4.0"来说，科技型企业将大规模应用物联网、云计算、区块链、人工智能、5G等前沿技术；融合信息流、资金流，重视决策自动化；建立完善的数据支撑体系和共识机制；瞄准细分领域，满足小众需求；等等。

从目前的情况来看，从事 B 端服务的科技型企业单个规模相对较小，TO B 的普及还需要一段时间。但大部分企业已经意识到通过技术提升效率的重要性，这进一步扩展了 TO B 的增长空间，也让 TO B 的顺利落地成为可能。

于是，以 BAT 为代表的科技巨头纷纷在 TO B 领域布局；国外的投资机构也会由于国内 TO B 市场的兴起和全球配置资产的需要而深入国内。在这种情况下，许多 TO B 企业可能得到大规模融资，TO B 企业的整体价值也将会提升。

神策数据是一家针对互联网企业提供大数据分析产品和解决方案，以及针对传统企业提供大数据相关咨询的大数据分析平台服务提供商。当前，神策数据已拥有超过 500 家企业客户，其中不乏万达、小米、银联这样的大企业，服务范围包括电商、互联网金融、证券、零售等多个领域。截至目前，神策数据已经获得了超过 6 亿元的投资。

兑吧集团是一家帮助互联网企业提升运营效率的用户运营服务平台，旗下两大核心业务为用户运营 SaaS 平台和互动广告平台，帮助企业客户解决新客获取、老用户留存及流量变现的用户生命全周期运营问题。目前，兑吧的 SaaS 客户群有三类：第一，传统金融行业包括银行、保险、券商和基金公司；第二，全行业品牌包括汽车、线下零售和酒店业；第三，2020

年全新切入的淘宝商家。其官方数据显示，2016—2018 年，兑吧的年复合增长率高达 372%，实现了规模化盈利，2018 年兑吧集团净利润达到 2.05 亿元。艾瑞咨询发布的数据显示，目前兑吧 SaaS 平台上注册的移动 App 数量超过 14000 个，已进入 TO B 发展的快车道。

IT 桔子公开数据显示，我国 2020 年第一季度 TO B 领域的融资数量为 131 起。其中，1 月融资数量为 40 起，2 月融资数量为 28 起，3 月融资数量为 63 起，TO B 领域正在稳定的发展。其中，IT 基础设施、大数据和人工智能等新技术仍是 TO B 领域的风口。

TO B 和科技型企业的进化，再加上 BAT、神策数据、兑吧等一系列经典案例的诞生，都说明了 TO B 的发展速度已经被严重低估，TO B 的普及在不久的将来就会实现。这不仅会颠覆传统的合作与交易方式，还会开启一个智能互信的新世界。

2. TO B 时代，中美独角兽企业的差异究竟在哪里

前瞻产业研究院所发布的《2018 年中美独角兽研究报告》显示，截至 2018 年 12 月 31 日，全球共有 429 家独角兽企业。其中，中国拥有独角兽企业 205 家，在全球独角兽企业总数中占比 47.79%，累计估值达到 9573 亿美元，位列全球第一；美国拥有独角兽企业 149 家，占比 34.73%，累计估值为 5548 亿美元，位列全球第二。

全球独角兽企业分布于 27 个行业，其中数量最多的是企业服务业，即 B 端服务业，一共有 79 家。金融业以 52 家的数量排在第二，但金融业产生的超级独角兽企业最多，整体估值也最高。图 3-1 所示为全球独角兽企业的行业分布情况。

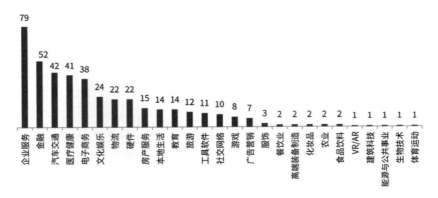

图 3-1　全球独角兽企业的行业分布情况

中国的独角兽企业分布于 18 个行业，其中汽车交通业的独角兽企业最多，数量为 27 家，其次是金融业和 B 端服务业，分别为 26 家和 23 家；美国的独角兽企业分布于 24 个行业，从事 B 端服务的独角兽企业最多，达到了 47 家，其次是医疗健康业和金融业，分别仅有 17 家和 14 家。在化妆品、建筑科技、生物技术、餐饮、高端设备制造和服饰领域，中国均无独角兽企业诞生。

在估值方面，中国在金融业中的独角兽企业估值总额最高，达到了 2931.31 亿美元，而美国的这一数据仅为 567.5 亿美元；美国独角兽企业估值总额最高的是 B 端服务业，达到了 1000.7 亿美元，略低于中国在这一行业的 1146.48 亿美元。从估值结构来看，中国的独角兽企业估值总额前三的行业分别为金融业、文化娱乐业和汽车交通业，B 端服务业排在了第四位；美国的独角兽企业估值总额前三的行业分别为 B 端服务业、汽车交通业和金融业。

中国拥有 13 家超级独角兽企业，估值总额为 5506.31 亿美元，美国拥有 12 家超级独角兽企业，估值总额为 2766 亿美元。中国的超级独角兽企业在金融业最多，一共有 3 家，而美国的超级独角兽企业最多的行业是 B 端服务业和汽车交通业，各有两家。

　　总体来看，金融业、B 端服务业、汽车交通业这三大行业在中美两国的独角兽企业分布中都处于重要位置。在各个行业中，中美独角兽企业的差异也较为明显。

　　在汽车交通业中，中国有 27 家独角兽企业，估值最高的是滴滴出行，为 600 亿美元；而美国在这一行业中有 5 家独角兽企业，但估值最高的 Uber 比滴滴高出 20%，达到了 720 亿美元。在细分领域中，中国汽车交通业的独角兽企业基本集中在共享出行和新能源汽车两大领域，而美国汽车交通业的独角兽企业则分布在无人车、电动滑板车、喷气式飞机共享服务等领域。

　　可以看出，中国在汽车交通业中的独角兽企业虽然数量较多，但是核心竞争力有待加强，整体技术落后于美国，在无人车等先进领域没有一家独角兽企业，而且独角兽企业的平均估值仅为 44.43 亿美元，远远低于美国的 181.2 亿美元。

　　在 B 端服务业中，美国经过了几十年的发展，市场相对成熟，拥有 47 家独角兽企业，远远多于中国的 23 家。从产品类型上来看，美国从事 B 端服务的独角兽企业的产品多为可以帮助企业进行创新的智能型产品，而中国独角兽企业的产品则主要以节约人力资源为目标，在帮助企业创新方面有所欠缺。这主要是因为我国的企业信息化程度低、付费意愿弱，市场尚处于待开发阶段。

　　这两个行业所表现出来的差异也是中美两国独角兽企业之间最明显、最普遍的差异，中国的独角兽企业体量较大，但在技术上落后于美国的独角兽企业。虽然经过近几十年的发展，中国的独角兽企业已经慢慢缩小了与美国独角兽企业之间的差距，甚至在总量上已经反超，但在质量上仍存在差距。

3. 阿里巴巴：围绕数字时代创造新生态

在 BAT 三大互联网巨头中，阿里巴巴的 TO B 基因最为强大，无论是前期的淘宝，还是后期的钉钉、阿里云都可以验证这一点。在发展 TO B 方面，阿里巴巴有着得天独厚的优势。

2018 年 11 月底，阿里巴巴总裁张勇发出全员信，宣布为了奠定组织基础、提升领导能力，阿里巴巴要进行最新一轮的组织升级。在这轮组织升级中有很多与 TO B 相关的内容，如阿里云事业群升级为阿里云智能事业群、天猫升级为大天猫、成立新零售技术事业群、整合 TO B 的技术力量等。

阿里巴巴可以帮助企业应用各种先进技术、优化企业商业模式，从而在数字时代创造出全新的生态。通过阿里巴巴的组织升级不难看出，"人工智能+云"是其 TO B 战略中的一大要素。2019 年以后，各大企业在云计算方面的比拼已经不再局限于"上云"，而是扩展到了如何渗透行业和企业的层面，如如何推动行业的转型改造、如何优化企业的业务等。

2019 年 11 月，IDC（Internet Data Center，互联网数据中心）发布了《中国公有云服务市场（2019 上半年）跟踪报告》，报告表明，阿里云的市场份额已经达到了 43.2%，排名第 1，而腾讯云虽然排名第 2，但市场份额仅有 12.2%，与阿里云相差甚远，如表 3-1 所示。

表 3-1　云计算市场份额排名表

排　　名	名　　称	市　场　份　额
1	阿里云	43.2%
2	腾讯云	12.2%
3	中国电信	8.4%
4	AWS	6.4%
5	百度云	5.2%
6	华为云	5.2%
7	金山云	5.2%

除"人工智能+云"以外，投资也是阿里巴巴 TO B 战略中的另一大要

素。在阿里巴巴的所有投资中，TO B 是最热门，也是金额较高的一个领域，阿里巴巴在 TO B 领域中的投资金额在其全部投资金额中所占比例已经接近 1/3。

从阿里巴巴目前的布局来看，人工智能、大数据、云计算等先进技术是其在 TO B 领域布局的重点。所以也有不少人推断，TO B 的红利还是会掌握在 BAT 这三大巨头手中。确实，在技术、研发、人才、影响力等诸多方面，BAT 有非常明显的优势。不过，在如今这个"长江后浪推前浪"的时代，一些新兴的 TO B 企业也不可小觑，它们也可以为企业提供优质的服务，在技术和资本的助力下获得发展。

4．腾讯：金融、云计算、人工智能，逐个击破

一直以来，不少人认为腾讯只有 TO C 基因却缺乏 TO B 基因，因为腾讯在之前的发展历程中，并没有在 TO B 领域深耕，也没有推出领先的 TO B 产品。但近几年，腾讯已经察觉到了市场的变化并开始向 TO B 领域进发。为培养 TO B 方面的能力，腾讯在组织架构上进行了多次从内到外的系统性梳理。

经过将近两年的筹划，腾讯进行了第三次组织架构调整，成立了六个全新的事业群，包括企业发展事业群、互动娱乐事业群、技术工程事业群、微信事业群、云与智慧产业事业群、平台与内容事业群。其中，云与智慧产业事业群掌握着腾讯云、智慧零售、腾讯地图、安全产品等核心业务线，是腾讯进军 TO B 领域的主阵地。

所以，虽然腾讯在 TO B 领域起步较晚，但其依靠在 C 端尤其是在游戏、视频等领域所积累的优势，依旧在 TO B 市场站稳了脚跟。不仅如此，腾讯还对诸如金融、云计算、人工智能等多个重点领域进行了逐个击破。

2018 年 9 月，腾讯联合中国印钞造币总公司，推出了一项以 QQ 平台为基础的 QQ-AR 扫人民币功能，以帮助人们学习人民币防伪知识。同时，腾讯也变更了支付基础平台与金融应用线的名称，正式以 "腾讯金融科技" 的品牌对外亮相。

在腾讯的 TO B 布局中，腾讯云也是非常重要的一部分。腾讯官方曾表示，腾讯云对于腾讯的 TO B 业务来说非常重要，其是腾讯 TO B 业务的基本支撑点。与阿里云主要为中小型企业服务不同，腾讯云选择了另外一条道路，即主要服务大型企业和政府部门。

2018 年 9 月，广东省政府采购网发布公告，总金额达 7028 万元的广东省公安厅新一代移动警务平台（一期），由腾讯云计算（北京）有限责任公司和数字广东网络建设有限公司中标。同年 5 月，腾讯云还中标了北京大数据行动计划整体设计咨询服务项目。

智慧法院是腾讯云的代表性项目之一。在移动微法院上，除签名是利用区块链进行存储以外，其余的材料和证据都放在腾讯云上进行存储。目前，腾讯正致力于将这一项目通过最高人民法院普及至全国各级法院。

腾讯也一直努力寻求在人工智能领域的突破。目前，腾讯依托人工智能实验室、优图、WeChat 大力发展机器学习、计算机视觉、语音识别、自然语言处理等先进技术。腾讯人工智能实验室在成立两年多的时间里，已经在四大顶级学术会议 CVPR（IEEE 国际计算机视觉与模式识别会议）、ACL（自然语言处理与计算语言学领域最高级别的学术会议）、ICML（国际机器学习大会）和 NIPS（神经信息处理系统大会）上发表了 240 多篇论文，在国内居于领先地位。

腾讯的优势是应用场景非常丰富，如金融、社交、游戏、内容等。腾讯在人工智能领域的研究和探索，不但可以不断提升自身产品的竞争优势，还可以与不同行业联动，赋能行业内合作企业。

纵观进化中的物种，其实并不是一开始就有某种基因，而是在后期演变出来的，腾讯就是如此。在培养 TO B 基因的过程中，腾讯始终致力于技术升级，在金融、云计算、人工智能等方面不断前进，最终获得了不俗的成果。

5. 百度：TO B 基因赢在起跑线

百度是 BAT 三大巨头中最后一个完成 TO B 架构调整的企业，而且目前百度云在云计算市场上的占有率也落后于阿里云和腾讯云。这样看来，百度似乎是阿里巴巴和腾讯的追赶者，但如果仔细分析便可以发现，百度的 TO B 基因其实非常强大，TO B 道路也与众不同。

百度是第一家公开宣布全面进军人工智能领域的互联网巨头，其 CEO 李彦宏曾表示，百度已经率先在人工智能领域进行了从生态布局到产品落地的工作，并在 TO B 领域取得了非常大的突破。

在百度向外界展示了自动驾驶汽车之后，很多人都对百度的人工智能感到惊讶。之前，李彦宏曾承诺 2018 年将实现自动驾驶汽车的量产，而如今的事实证明，百度的确没有让人们失望。2018 年，搭载了 Apollo 系统的全球首款 L4 级别自动驾驶汽车就已经实现了量产。图 3-2 所示为搭载了 Apollo 系统的金龙客车。

图 3-2　搭载了 Apollo 系统的金龙客车

百度开发的这款金龙客车适用于景区、厂区等场景，现在已经被发往北京、广州、深圳、日本东京等城市开展商业化运营。这意味着，百度的自动驾驶系统真正实现了服务落地。

金龙客车所搭载的 Apollo 系统是一个开放的、完整的、安全的平台，与该平台合作的企业目前已经达到了 100 多家，其中涵盖了中国一汽、北汽、比亚迪、路虎、捷豹等国内外知名汽车品牌，而百度也成了全球最大的智能驾驶软件平台。

近年来，人工智能应用被大范围推广，其对芯片计算能力的要求也越来越高，需要人工智能进行运算和处理的数据每两年就会提高一倍以上。基于这种情况，百度自主研发了国内第一款云端全功能人工智能芯片"昆仑"，这是一款十分强大的人工智能芯片，其运算能力比传统人工智能加速器提升了近 30 倍。

2019 年 5 月，2019 百度联盟生态合作伙伴大会在成都举行，百度正式推出了 CRM 开放平台"爱番番"，又一次向 TO B 进军。在打造 CRM 开放平台"爱番番"方面，百度具有很多优势。

首先，百度是互联网的流量入口之一，拥有其他企业所不具备的海量数据资源；其次，百度拥有遍布全国的销售渠道和销售体系，是帮助企业向客户做推广的"中转站"；最后，依托于搜索引擎优化和关键词竞价等服务，百度拥有大量企业客户，这为其发展 TO B 业务提供了客户基础。

"爱番番"CRM 开放平台的定位为"SaaS+PaaS"，SaaS 平台能为客户提供软件服务，客户可以直接使用 SaaS 平台提供的应用软件，PaaS 平台能够为客户提供平台服务，除了使用 PaaS 平台中的应用软件，客户还可以在平台中自主设计个性化的应用软件。而"爱番番"CRM 开放平台既能为客户提供软件服务，又能满足客户的个性化、定制化需求。借助"爱番番"CRM 开放平台，企业可以充分挖掘线索价值，享受高效、精细的一站式运营管理。另外，百度还为"爱番番"CRM 开放平台设置了无效返款的功能，以进一步提升其竞争力。

现在，百度已经成为 TO B 市场的领军者之一。未来，依托强大的技术积淀，以及 ABC（人工智能、大数据、云计算）三位一体战略，百度将在语音交互、产业赋能等方面展现非凡魄力。

6. 京东数科：为数字化服务而生

京东数科的前身是京东金融，2013 年开始独立运营，2018 年实现品牌升级。京东数科以大数据、人工智能、物联网、区块链等时代前沿技术为基础，不断提升自己的数字化风险管理能力、用户运营能力和 B2B2C 模式的企业服务能力。

目前，京东数科已经完成了在诸多领域的布局，服务客户包括个人端、企业端、政府端。京东官方数据显示，截至 2019 年 6 月，京东数科累计服务 800 万线上线下小微企业、700 多家各类金融机构、17000 多家初创企业、30 余座城市的政府及其他公共服务机构。

由此可见，在 TO B 领域，京东数科的地位确实不可小觑。在数字经济和产业数字化的浪潮中，京东数科始终坚持"为数字化服务而生"的宗旨，致力于为企业提供安全、可靠的服务，其在智能安防解决方案、智慧法院建设方案、智能机器人等领域均有所布局。

智能安防解决方案包含人证核验闸机、刷脸门禁、刷脸考勤、访客系统、行为识别报警、行人重识别六大功能；智慧法院建设方案包含诉讼、审判、执行、管理四大模块；智能机器人包含机房巡检机器人、铁路巡检机器人、室内运送机器人及可穿戴仿生手四大解决方案。

京东数科的这些布局可以提升企业的效率，帮助企业实现转型升级。

以机房巡检机器人为例，作为机房和数据中心的"智能守护者"，机房巡检机器人可以通过自动巡检、人体追踪与跟随、数据识别与分析等功能，代替人工实时监测机房环境信息、设备运行状态、设备温度信息等情况，同时可以进行故障预警和资产盘点。

有了京东数据自主研发的这款机房巡检机器人，企业可以守护和保障机房稳定安全运行，实现机房状态实时可视可管，提高运维效率和机房稳定性，建设数字化、智能化、稳定安全的智慧机房。由于该产品自从推出后就受到很多企业的欢迎，京东数科又对其进行了功能升级，并针对金融等重点领域对机房运维的严苛要求量身定制解决方案。

另外，京东数科还与普天信息达成合作，携手推出"旅客优享+"项目，这个项目是首都机场"智慧机场 3.0"落地构成的重点部分。借助这个项目，首都机场可以构建旅客服务大数据平台，通过数据提升自助登机、行李托运、诚信安检等关键节点的服务体验和运营效率，从而达到降低管理成本、提高旅客满意度和创造商业消费机会的目的。

在具体操作上，京东数科首先在大兴国际机场实施"旅客优享+"项目，完成相关平台和核心应用组件的搭建；然后在大兴机场和首都机场上线"旅客权益互通""积分消费""行李配送""动态广告"等创新服务。

京东数科在 TO B 领域的布局比较全面，涉及了企业、机场等应用场景。在国际化方面，京东数科在美国硅谷成立了 AI 实验室，在泰国、印度尼西亚等国家开展业务，因地制宜落地全球战略。

总之，与更看重为企业赋能与配置基础设施的 TO B 企业相比，京东数科的布局更有针对性，对于企业的帮助也更具体。在数字化越来越重要的当今时代，京东数科有能力也有潜力成为一支奇兵，重新定义为企业服务的格局和模式。

7．Zeta Global：CRM 系统+多渠道营销

营销技术公司 Zeta Global 是美国 TO B 领域的一家独角兽企业，其创始人约翰·斯卡利曾经担任过苹果公司和百事可乐公司的 CEO，在宣传推广方面十分有经验。Zeta Global 的主要业务是通过大数据分析提升企业的营销效率，帮助企业发掘并维护客户，旗下拥有 CRM 系统和多渠道营销解决方案业务。

（1）CRM 系统

CRM 系统以管理客户数据为主要目的，能够对客户信息进行收集、管理、分析和应用，同时利用信息科学技术实现营销战略部署、售后服务等流程的自动化，进而帮助企业构建以客户为中心的管理模式。

如今，CRM 整体处于快速上升的时期，IT 研究与顾问咨询企业 Gartner 的研究表明，CRM 将是未来几年中成长最快的软件市场，也是企业软件支出收益最大的单一领域。IDC 发布的 CRM 软件市场研究报告预测，到 2023 年，CRM 软件市场将增长到 350 亿美元，其年复合增长率（CAGR）将达到 6%。图 3-3 所示为 CRM 软件市场增长趋势。

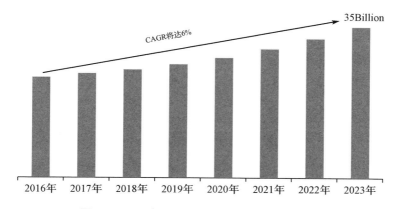

图 3-3　CRM 软件市场增长趋势（单位：美元）

（2）多渠道营销

多渠道营销是指在包括金融、保险、教育、医疗等多个行业及其细分区域中，通过搜索、社交媒体、邮件等渠道来帮助企业进行营销布局。

Zeta Global 面向的客户群体是美国知名的一些大企业，如 Sprint、UPS、宜家、PayPal 等。在大数据诞生之初，Zeta Global 就已经将大数据应用在营销领域，是利用大数据帮助企业进行营销的领头羊。

在 2018 年 F 轮融资中，Zeta Global 获得了 1.4 亿美元的投资，投后估值达到了 13 亿美元。该轮融资分为两个部分，分别是 1.15 亿美元的权益资本和 2500 万美元的债务融资。Zeta Global 之所以会采取这种股权和债权相结合的融资方式，主要是因为其盈利情况较好，在市场上很受追捧。

依靠 F 轮融资带来的 1.4 亿美元，Zeta Global 完成了两笔收购。一笔是对以机器学习为中心的营销平台 Boomtrain 的收购，收购价格为 3500 万美元至 4000 万美元。Zeta Global 之所以进行此次收购，主要是因为其一直想要寻求在机器学习领域的突破。举个简单的应用案例，Zeta Global 可以通过无监督机器学习技术，提炼出高价值的种子用户的显著特征，合作客户就可以利用这些特征，实时识别具备类似特征的新用户及可进行追加销售的老客户。对于新产品推介效果、客户留存率及 App 内及网页内转化率都有较好的提升作用。

另一笔是对 Disqus 的收购，收购价格约为 9000 万美元。《大西洋月刊》《娱乐周刊》等知名杂志的网上评论区都是运用的 Disqus 所提供的在线评论服务。与收购 Boomtrain 是为了寻求在机器学习领域的突破不同，Zeta Global 收购 Disqus 主要是看中了其所拥有的庞大数据资源。

之前，为了把信息传播给特定的客户，Zeta Global 需要工具来获得精准的投放能力，Disqus 恰好有这方面的能力。未来，Zeta Global 还将不断强化 Disqus 的分析能力，并将其个性化通信服务与 Disqus 平台相整合，为发布商和品牌提供更优质的服务。

由于 CRM、数据分析等领域非常火爆，但缺少能获得市场牵引力的企业，因此这样的企业就成为 Zeta Global 的潜在收购对象。通过融资资金构筑"护城河"是 Zeta Global 值得我们借鉴的地方。Zeta Global 收购的通常是在各自领域有一定技术及资源积累但往往被市场低估的公司，通过收购不仅可以补足 Zeta Global 的业务短板，而且还可以将这些业务融合到公司的既有业务中，因此收购的标的选择是个极具挑战性的工作。仅在 2017 年之前，Zeta Global 就已经有四笔收购记录。2016 年 8 月，Zeta Global 出资 5000 万美元收购了商业智能与数据库营销服务供应商 Acxiom Impact。2015 年 11 月，Zeta Global 出资 8000 万美元收购了 eBay Enterprise 的客户关系管理部门。2014 年，Zeta Global 收购了 ClickSquared。2013 年 10 月 Zeta Global 收购了 Intela。Zeta Global 的收购频率基本为一年一次，这使其内部一直有新鲜血液进入，也为其长远发展提供了坚实保障。

在探讨下一个案例之前，我们有必要了解一下客户体验管理（CEM）在中国的现状。

在海外，客户体验管理（Customer Experience Management）已经是比较成熟的领域，诞生了 Medallia、Qualtrics、Clarabridge 等多家独角兽公司。在中国，它还处于刚刚起步的探索阶段。由于海内外社会环境的不同，客户体验管理（CEM）在中国的落地形式也不尽相同。

（1）客户体验管理是什么

消费市场正在历经传统商品经济到体验经济的转变。传统商品经济时代，客户"买得到"即可，品牌将关注点放在生产优质产品、进行合理定价、寻找好卖渠道、策划促销活动上，就能获得不错的增长。

随着社会整体生产力的提升和互联网的高度发达，产品同质化竞争愈演愈烈，体验经济时代已来临，商品、定价、渠道、活动已成为基本入场券。以客户为中心，做好客户体验管理，让客户"买得舒适""买得惊喜"，提升客户满意度和忠诚度，成为新的增长点。

客户体验管理贯穿整个客户旅程。在整个客户旅程中，客户通过多个触点、多个渠道与品牌进行互动，每一次互动都会产生大量的客户体验数据。客户体验管理是指，聚合并分析全触点、全渠道的客户体验数据，洞察客户喜好与诉求，帮助企业发现并解决问题，辅助企业各部门决策。

在中国，以某智能手机品牌的电商业务为例，客户在网上买智能手机的整个旅程可以分为 6 个关键触点：浏览手机信息并研究对比→售前咨询→下单→发货物流→使用体验→售后服务。关于这 6 个关键触点的客户体验，通过在线客服会话、问卷调查、客户访谈、电商评论、社交媒体等多个渠道反馈出来。

（2）搜集全渠道、全触点的客户体验数据

搜集客户旅程中全渠道、全触点的客户体验数据，是进行客户体验管理的第一步。客户体验数据分为内部数据、外部数据两种，有不同的搜集方式，且最好能将其打通聚合到一个统一的平台或系统中。

① 在关键触点上设置好体验反馈机制，主动获取内部客户体验数据。要求企业梳理整个客户旅程，并在客户旅程的每个关键触点设置好体验反馈机制，主动搜集客户在当前互动场景下的体验数据。例如，在客户结束客服在线咨询时主动邀请客户评价；在 App 内完成某个特定动作后向其推送个性化 NPS 问卷；在使用完产品某个功能后自动向微信推送消息获取反馈。

② 拥有强大的互联网数据采集能力，获取外部客户体验数据。在中国互联网和电商购物高速发展的大环境下，电商在线咨询、电商评价、社交媒体动态等也是中国区品牌获取客户体验反馈的重要渠道。这些外部客户体验数据分布在互联网上，大多数情况下平台不会提供数据接口，企业无法直接拿到数据，过往通常需要使用爬虫技术搜集，要求企业具有强大的互联网数据爬取能力。但在个人数据安全及隐私保护监管趋严的大环境下，这样的方式已经变得愈发不可行。

③ 打通内外部客户体验数据。将以上内外部客户体验数据聚合在同一个平台上，避免在不同的后台/网页中来回切换，便于统一管理、调度和分析数据，进而指引行动，全面提升客户旅程中的客户体验。

基于以上提到的几点，品牌可以组建专门的团队从 0 到 1 开发，也可以选择市场上比较成熟的客户体验管理平台。国内比较成熟的 CEM 服务商例如云听 CEM 就是做数据采集起家的，在第 2、3 点拥有行业领先的实力，同时也在第 1 点上不断发力，帮助品牌聚合全渠道、全触点的客户体验数据。

（3）客户体验数据分析

基于第二部分，我们获得了大量的客户体验数据。与价格、销量等数值型的、结构化的数据不同，客户体验反馈大多是文本型的（很少一部分是音频、图片、视频等）、非结构化的数据。

文本型数据具有多维、语义复杂的特点，很难直接进行分类和分析。如何进行文本分析？如何将文本分析与品牌业务紧密结合起来？有几个关键步骤和技术，我们以电商评论文本为例详细讲解。

在这里说明一下，以电商评论分析为例，是因为电商评论由已购买、已使用的客户发出，数据量大，分布密度高，观点明确，是非常重要的客户体验文本。电商评论分析也是云听 CEM 探索非常深入的一块。其他客户体验文本的分析方向和方法是一致的，在细节上可能略有不同。

① 搭建文本分析的细粒度指标体系。什么是指标体系？文本为高维数据，很难直观地统计与可视化展示。因此，我们需要先搭建一套指标体系，再根据指标体系有针对性地进行分析。否则就像船只失去航行方向，最终只能迷失在浩瀚的文本"海洋"里。

什么是细粒度指标体系？分析指标可分为不同颗粒度，便于从粗粒度到细粒度进行分析。以某智能手机品牌的电商业务为例，它的指标涵盖产品、服务、市场、物流等多个方面。产品方面，一级指标为外观、性能、拍照、电池、屏幕、操作系统等，外观又可具体分为整体外观、手感、机身颜色、机身大小、做工/工艺、机身厚度、机身重度等。如图 3-4 所示为某美妆产品细粒度指标体系。

如何搭建指标体系？一般有两种方法：一种是基于业务经验，由品牌提供指标；另一种是对全量文本进行无监督聚类，提取高频词作为指标。两种方法可以结合起来，最终确定的指标体系合理即可。可以从是否覆盖全客户旅程的重要触点、是否与行业/部门的业务高度契合等角度评估是否合理。搭建指标体系十分关键，它直接决定了我们的分析角度是否正确。成熟的 CEM 服务商因为合作过的跨行业的品牌及企业较为丰富，会沉淀多套较为完善的指标体系，这也是这些服务商的核心竞争力之一。

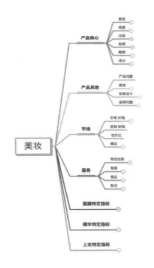

功效指标 ①	功效指标 ②		肤感指标 ①	肤感指标 ②
黑眼圈	补水		综合肤感	易溶解程度
眼袋	长效保湿度		不良反应	易涂抹度
防蓝光	滋润		搓泥	持久度
防晒	滋养		成膜感	浮粉/卡粉
防晒时间	控油		滑感	高级感
防晒指数	亮度		假滑感	亲肤程度
去红血丝	通透度		干	适合肤质
去脂肪粒	嫩肤		腻感	显色度
去鸡皮	祛痘		粘感	敷感
去角质	祛黄		油感	冲洗感
柔软	美白		清爽度	颗粒感
收敛	即刻美白		清凉感/热感	泡沫量
收缩毛孔	淡斑		温和度	泡沫细腻程度
为彩妆做准备	即刻淡斑		吸收多少	泡沫粘度
修复	弹性		吸收快慢	起泡速度
肤色调整\妆感	提拉		吸收深度	乳化
遮瑕	紧致		相转变感	
防水性	抗皱			
定妆效果	即刻抗皱			
隔离	抗过敏			
清洁力	抗衰老			
去黑头	抗污染			
卸妆力	抗糖化			

图 3-4　某美妆产品细粒度指标体系

② 基于指标体系进行情感倾向分析。什么是情感倾向分析？我们基于深度学习的自然语言处理技术（NLP），对评论文本中所提及的指标进行情感倾向分析（正面、负面、中性）。例如，图 3-5 中这条评论提到了外观、操作系统、电池、拍照等指标，对外观、操作系统、拍照的反馈是正面的，对电池的反馈是负面的。

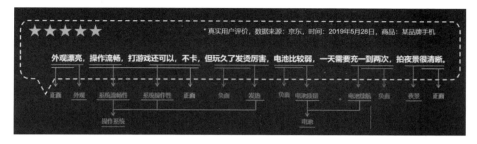

图 3-5　评论示例

对提及指标的正面反馈，以绿色表示，如图 3-6 所示。

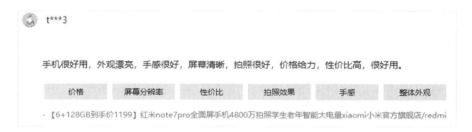

图 3-6　正面反馈示例

对提及指标负面反馈，以红色表示，如图 3-7 所示。

图 3-7　负面反馈示例

③ 对评论文本进行典型意见挖掘。什么是典型意见挖掘？我们基于深度学习的自然语言处理技术（NLP），对评论文本进行典型意见挖掘。以某智能手机品牌的二级指标「手感」为例，挖掘二级指标「手感」这个指标下负面反馈的典型意见。如图 3-8 所示，发现负面反馈基本围绕「手感比

较重」展开，定位到了具体问题。

图 3-8　负面反馈的典型意见

④ 为什么使用 NLP 进行情感倾向分析与典型意见挖掘。如果使用人工分析，优势在于人脑具备专业知识与丰富的过往经验，劣势在于无法处理大规模数据，难以保证每个人对每个指标的理解达到统一的标准。为了解决这个问题，使用基于深度学习的自然语言处理技术（NLP），训练出的结论更加公正客观。

⑤ 可视化报表展示分析结果。基于深度学习的自然语言处理技术（NLP）进行情感倾向分析与典型意见挖掘是关键，完成这个关键点后，下一步就是为品牌提供多维度的分析方向（指标正负面声量统计、某指标负面反馈的典型意见、指标走势等）、灵活的筛选条件（按平台、品牌、产品、型号等条件筛选）、丰富的可视化报表库和配套的功能模块（消息回复、自动预警等），进而帮助产品、运营、客服、市场、品牌等部门发现问题与智能决策，进而提升整个客户旅程的客户体验。

总结一下，CEM 通过对客户体验进行有效的把握管理，可以提高客户对企业的满意度和忠诚度，并最终提升企业价值。

了解了国内 CEM 的运作方式，我们可以看一下 CEM 全球市场的现状及国内 CEM 的发展前景。

据 Grand view research 的报告，2019 年全球 CEM 市场规模达 65 亿美元，其中北美市场占据主导地位，预计 2020 年全球 CEM 市场规模为 76 亿美元，2020—2027 年年复合增长率为 17.7%；据 IDC、QY Research 等预测，2022 年国内 CEM 市场规模或将增至 118 亿元，更多偏用户服务洞察与用户体验自动化预警等场景。随着企业对于客户体验管理的需求愈发强烈，客户体验管理的需求渗透进企业经营全流程和客户全生命周期中，企业经营已进入一个品牌与客户体验相结合的"双驱动时代"。如图 3-9 所示。

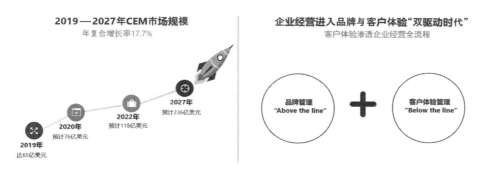

图 3-9　市场规模趋势示意图

CEM 市场的火热，离不开 2018 年大洋彼岸的传导效应，我国 CEM 市场的发展也是从这一年开始。2018 年 9 月美国老牌网络调查公司 SurveyMonkey 宣布上市，目前市值 32.7 亿美元。两个月后德国软件巨头 SAP 宣布以 80 亿美元并购 CEM 厂商 Qualtrics，收购价是当年 Qualtrics 收入的 20 倍，随后大龄独角兽 Medallia 也在 2019 年成功上市，这一连串的事件引爆了当时的 CEM 市场。就在 2020 年的 11 月，SAP 宣布 Qualtrics 将独立上市，目前估值已达 200 亿美元，此消息让 CEM 市场呼声上升到沸点。

我国 CEM 偏向后期，多以技术驱动，进行调查问卷分析、线上客服、风险预警等分析居多，如基于 NPS 指标构建 SaaS 平台的量赞科技、搭建人工智能的客户体验管理平台的云听 CEM、打造顾客体验管理 SaaS 系统的瀚一数据及首创 AI+Mobile 研究平台的快决测等公司。也有部分 CEM 公司定位偏前期品牌与用户社交关系搭建，如小蚁数智互动便是围绕客户体验做营销和品牌运营。如图 3-10 所示。

图 3-10 用户体验管理系统框架示意图

相较于国外 CEM 市场的火热发展，国内 CEM 还处于早期阶段，公司数量少、规模小，行业尚处于蓝海。于是可以看见各大资本开始布局该赛道，如赛意产业基金、初心资本、深创投均于 2020 年集中投资，投资额为千万量级，如图 3-11 所示。

投资方	时间	项目	轮次	金额
赛意产业基金	2020.4.17	快决测	A轮	数千万元人民币
	2020.10.18	快决测	B轮	8000万元人民币
初心资本	2020.7.21	量赞CEM	天使轮	未披露
深创投	2020.12.16	小蚁数智	Pre-A轮	数千万元人民币

图 3-11 各资本投资情况

因此，国内的 CEM 发展空间巨大。随着疫情冲击对企业提升效率的动力提升及企业对 TO B 付费的意愿提升，未来国内极有可能诞生越来越多类似 Medallia、Qualtrics 这样的独角兽企业。

8．Medallia：致力于反馈信息解决方案

Medallia 创建于 2001 年，定位是反馈信息平台，主要业务是帮助企业加强客户反馈管理，所涉及的行业主要有零售、金融服务、酒店、电信、汽车及 B2B 企业等。Medallia 面对的客户群体很多都是世界知名品牌，例如四季酒店、索尼、Verizon、Honeywell 等。Medalllia 的收入模型为订阅收入。截至 2019 年 1 月 31 日的财政年度及截至 2019 年 4 月 30 日的季度表现，Medallia 平台的总收入分别为 3.14 亿美元和 9360 万美元，订阅收入分别为 2.47 亿美元和 7170 万美元，订阅收入分别占总收入的 79%和 77%。

Medallia 的创始人注意到很多时候客户的反馈信息很难到达总部，这很容易造成管理层的决策失误。于是，致力于帮助企业收集反馈信息并借此提升客户体验的 Medallia 便应运而生。

Medallia 联合创始人兼总裁 Amy Pressman 认为，客户体验对企业非常重要，很多企业难以保证给予客户高质量的体验。因此，Medallia 就变身为企业的"好帮手"，使企业得以尽快解决客户体验方面的难题。

在企业发展过程中，提升客户体验确实是非常重要的一个环节，而想要提升客户体验，最基础的工作就是得到客户的反馈信息，即了解客户想要什么。Medallia 拥有较为完善的客户反馈管理体系，可以帮助企业准确、快速地定位客户偏好，进而提升客户体验。

Medallia 认为有效的客户体验管理，有三个不可或缺的组成部分，如图 3-12 所示。

① 从不同渠道收集获取客户的所有反馈信息。

② 实时将反馈数据形成洞察结论。

③ 基于洞察结论，使公司上下全员（从管理层到一线基层员工）形成可行动方案。

图 3-12　有效的客户体验管理组成

在具体的实施过程中，Medallia 为通信、社交、书面、在线等反馈方式提供了一个 SaaS 平台（Medallia Experience Cloud），分析来自 Facebook、Twitter 和其他主流评论网站（如 TripAdvisor）的反馈及来自调查和客服中心的反馈数据。反馈收集方式包括但不限于社交媒体反馈、电话、短信、网络问卷和调查问卷等。然后再对客户的反馈信息进行整理和分析，以此作为基础，为企业提供准确、有效的个性化解决方案。

除此以外，Medallia 还可以帮助企业分析其自身存在的风险及整体的发展情况，从而有针对性地提升企业的服务质量，帮助企业占据市场优势。在全球范围内，很多企业已经开始使用 Medallia 的反馈信息平台，并取得了非常不错的效果。

以 Medallia 的 NPS（净推荐值）服务功能为例，如图 3-13 所示。NPS（Net Promoter Score）的计算基于一个简单的问题："您多大程度上可能将产品推荐给身边的朋友？"客户需要从 0 分到 10 分中选择一个分值，0 分代表完全不可能，10 分代表非常有可能。根据得分情况，我们通常把客户分为以下三类。

① 推荐者（得分在 9～10）：忠实客户，他们会继续购买产品并推荐给其他人。

② 被动者（得分在 7～8）：总体满意但并不热衷，会考虑竞争对手的产品。

③ 贬损者（得分在 0～6）：使用并不满意，没有忠诚度。

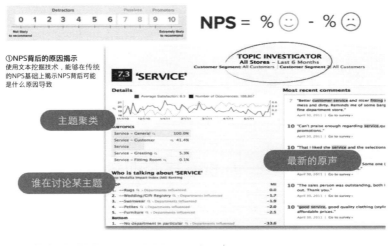

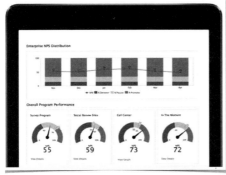

图 3-13　NPS 计算

NPS 的得分等于（推荐者数量-贬损者数量）/总样本数量。例如，你发出 100 份调查，其中 10 个人给了 0～6 分，70 个人给了 9～10 分，那么 NPS 得分就是，（70-10）/100×100%=60%。但大部分企业分数都不会超过 20%。NPS 反映了客户对企业的态度，企业的努力方向，就是把批评者变为被动者，把被动者变成推荐者。

目前，Medallia 已经获得了 4.76 亿美元的融资，估值达到 38 亿美元以上。值得一提的是，Medallia 的前三轮投资全部来自红杉资本，对于红杉资本来说，如此大手笔的投资着实非常罕见。要知道，即使是曾经为红杉资本带来 30 亿美元回报的 WhatsApp，也只从红杉资本处获得了 6000 万美元的投资。

红杉资本的合伙人 Doug Leone 表示，为 Medallia 投资主要是因为其优秀的团队。确实，Medallia 在其团队的带领下在短时间内实现了盈利。优秀的团队、有竞争力的盈利模式使 Medallia 拥有广阔的发展前景。

9. SurveyMonkey：为 500 强企业提供服务

SurveyMonkey 是最早的调查平台之一，其调查服务主要分为两大类，即 SurveyMonkey Audience 和 SurveyMonkey Enterprise。其中，SurveyMonkey Audience 为基本型调查服务，可以帮助企业对特定受众进行调查和统计；SurveyMonkey Enterprise 为深入型调查服务，在前者的基础上增加了多账号管理、数据分析等功能。

SurveyMonkey 针对不同的客户群还设立了免费和付费两个版本。免费版本的调查问卷最多可以设计 10 个问题，被调查人数不能超过 100 个；付费版本则没有问题数量和被调查人数的限制，而且可以享受品牌定制等高级服务。另外，根据不同企业的不同需求，付费版本还有不同的价位可以选择，最高为数百美元。

SurveyMonkey 拥有一个运转良好的第三方调查类业务应用生态系统，与世界 500 强中 98% 以上的企业达成了战略合作。这主要是因为 SurveyMonkey 提供的服务涵盖了从创建、发放问卷到分析调查结果的全部流程，深受客户的喜爱，而且简洁的界面也让操作变得更便捷、更舒服。

企业在使用 SurveyMonkey 的软件时，可以先将文件夹分类，然后在文件夹中创建问卷，并从已有的专业模板中选择喜欢的颜色进行搭配。软件内一共有 15 组视觉设计的专业模板，以及 15 种背景主题，这使问卷整体看起来简洁且专业。

借助 SurveyMonkey 的软件，企业可以在移动端完成包括设计问题、编辑、排版、预览在内的一系列操作，然后以自己喜欢的方式将问卷发放到被调查者的手中。在问卷回收之后，该软件会对结果进行云端分析和统计，并通过图表加文字的形式展现出来，以便让企业能够在最短时间内得到想要的信息。

即使 SurveyMonkey 现在已经非常成功，但其发展之路也不是一帆风顺的。在创立初期的一段时间内，SurveyMonkey 业务的 85% 都是使用英语完成的，对国际市场的拓展非常缓慢。经过一段时间的调整，SurveyMonkey 开始重视国际市场，将使用的语言增加到 17 种，美国本土业务的比例也下降至 55% 以下。

早在 2018 年 9 月，SurveyMonkey 就在纳斯达克完成了上市。上市之后，SurveyMonkey 募得 1.8 亿美元的资金，市值超过 20 亿美元。美国商业银行摩根大通评价 SurveyMonkey 为"首屈一指的在线调查平台"，认为其拥有高效的商业模式，在未来将会实现高增速发展。

10．Zoom：主打中小型企业和教育市场

Zoom 的主营业务是视频会议，主要提供电脑端及移动端的视频会议服务，其开发的应用不需要过多硬件便可以支持协同沟通、高清视频会议及录制、屏幕共享等功能。在战略布局方面，Zoom 的主攻方向为中小型企业和教育市场。如图 3-14 所示，从 Zoom 的产品版图可以看出，整体上，Zoom 以 Zoom Meeting 为基础,其余产品类似于 Zoom Rooms、Zoom Phone、Zoom Video Webinars 都是在此基础上的功能的延伸与拓展。

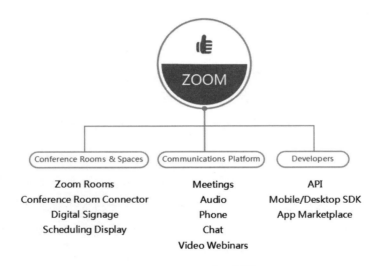

图 3-14　Zoom 产品版图

基于上述产品，它们会针对医疗、教育、政府及金融领域，推出相应产品满足行业定制化需求。从商业模式看来，Zoom 以 Free+Prime - 也就是免费增值模式切入市场，对不同用户采用差异化定价。例如，对于一般用户而言，允许免费使用，但是限制会议时间、参与人数等功能。订阅用户能够使用的功能更多，也更加完善。

在视频会议领域中，大部分 TO B 企业提供的服务所需成本都相对较高，而 Zoom 则与众不同，其为企业提供的在线会议应用操作便捷、容易

部署且适合实际场景，可以降低使用成本。Zoom 的服务内容包含了在线会议、云视频会议、群组消息及会议室预订等，支持在 Windows、Mac、Linux、iOS、Android、Blackberry、Zoom Rooms 和 H.323 / SIP 等多个系统上进行使用。

Zoom 的核心竞争力在于研发和销售。首先，Zoom 投入了非常多的人力和财力进行技术研发，以此确保会议中发言不丢字，视频画面流畅，这为企业提供了极高的音视频质量。这点可以从 2020 年 Q1 财报略见一斑。首先，在 Q1 季度，研发投入约为 2638.9 万美元，比 2019 年同期增长近一倍。其次，Zoom 可以使在线会议、云视频会议等变得更简单、便捷，同时打通了不同企业之间的连接。最后，Zoom 不断进行革新，形成良好的产品生态圈，在技术上一直领先竞争对手。

不过，Zoom 的大部分研发团队部署在中国，而中国工程师的平均工资是美国同等级别的三分之一。Zoom 正是以这种方式来实现降本增效的。研发投入的增长，也跟 Zoom 一直以来的研发重点——云计算有关。Zoom 同时还有扩张数据中心的计划，在美国本土投资新建了两个技术中心。

除了研发，销售也是他们发力的重点。Zoom 的创始人袁征之前说过："Zoom 的核心竞争力在于销售能力。"财报的数据，也佐证了这句话。2020 年 Q1，Zoom 在销售上的投入达 1.2 亿美元，占总营收 37%。相较于 2019 年增加近一倍。

目前，Zoom 在全球范围内已经拥有超过 45 万户的客户，其中还包括 Uber 和 SolarCity 等高市值企业。Zoom 如此受欢迎与其出色的市场观察能力密不可分。很多员工喜欢相对宽松和自由的办公模式，同一个企业的员工也可能不在同一个地点办公，线上沟通工具就变得越来越重要。同时，很多企业通常会使用邮件进行沟通，但这一方式在需要快速得到反馈的情况下根本不适用，这就使越来越多的企业产生了视频会议的需求。

传统的视频会议服务企业主要是为了服务政府机构和大型企业，因此其产品比较适合会议室中的大屏幕和其他专业设备。但很多中小型企业根本无力承担这样高昂的成本，所以效率高、成本低的 Zoom 便成为这些中小型企业的首选。而且 Zoom 的产品不同于传统产品对网络要求较高的特性，其可以适应各种网络。

2019 年 4 月，Zoom 正式在纳斯达克上市，上市当天开盘报价为 65 美元，比每股 36 美元的发行价多出了 81%，收盘报价为 62 美元，与发行价相比上涨幅度高达 72.22%，市值达到了 159 亿美元。

截至今天，Zoom 每股已达 376 美元，市值超过 1000 亿美元。Zoom 在 2020 年股价的爆发式增长和全球疫情的出现息息相关。目前，有许多企业和学校通过 Zoom 进行视频会议和授课，曾经仅作为辅助工具的云视讯软件变成多数企业的必需品。

由于疫情刺激远程通信需求，云视讯行业及 SaaS 板块企业的发展普遍提速。对于一家处于云视讯赛道的 SaaS 企业来说，高增长是市场考量的重要因素，而客户是其中实现企业持续高增长的驱动力。如图 3-15 所示，截至 2020 年第二季度末，Zoom 拥有的企业（员工人数>10）客户数量为 370 个，同比增长 458%；客户（收入贡献≥10 万美元）数量为 988 个，同比增长 112%。

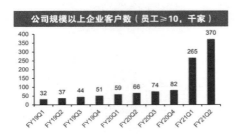
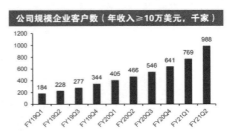

图 3-15　Zoom 企业客户数量

放眼整个云视讯赛道，Sensor TOwer 商店情况数据显示，截至 2020 年 5 月，Zoom 在全球移动应用中排名第二。Google Meet 则位居第七，其他视频会议应用则并未上榜。而微软在此前的财报会议中披露，日活用户数量达到 7500 万个。谷歌则披露 Meet 日活跃用户破一亿。在一批软件高活跃度的背后，是协同办公、视频会议等 SaaS 应用需求快速增长的表现。艾媒咨询数据显示，2020 年全球 SaaS 市场规模为 1277 亿美元。2019 年全球云计算市场规模近 2000 亿美元。

云视讯以云计算为核心，同时集成视频、语音、聊天和内容共享，已成为当今通讯和协作（UC&C）市场的基本组成部分，Zoom 所在的行业正经历着快速发展。IDC 预测，2022 年 UC&C 总规模将达 431 亿美元。企业对客户反馈的重视和产品高速迭代改善是产品最终脱颖而出的关键。Zoom 的客户净推荐值在 2018 年平均值超过 70，售后支持团队客户满意度超过 90%。尽管 Zoom 快速发展，但其风险也逐渐暴露出来。

首先，获客成本增加是是困扰 Zoom 的问题之一。2020 年 Q2 成本为 1.92 亿美元，同比增长 589%；营销费用为 1.59 亿美元，同比增长 99.8%；研发费用为 0.43 亿美元，同比增长 184%。为了给更多用户提供服务，Zoom 运营着数据中心，同时和亚马逊、微软云服务达成合作，并将甲骨文列为服务供应商，这些都在一定程度上抬高了运营成本。推广产品订阅，占领市场时需要大量人员，从而产生高昂的营销费用；完善产品，将软件优化以融入硬件设备等流程中研发费用同样不低。作为 SaaS 企业，这些问题短期内都难以避免，随着新用户拓展或将带来持续的成本压力。

其次，竞争压力凸显。在 Gartner 公布的全球在线会议市场魔力象限中，Zoom、微软、思科三家企业长期位居领导者象限。这不仅表示三家企业均处于行业头部地位，也透露出三家企业处于激烈的竞争对抗之中。以微软为例，其在企业生产力领域拥有着绝对优势，其近期更新了 Microsoft Teams，将自己在企业生产力里积累的诸多技术和功能融入 Teams 中。Teams 不只是满足视频会议，而且适合企业内部协作。微软的 Office 365 集成度高，使团队企业更好协调，保持一致的工作节奏。背后完整的产品生态使客户流失率相对较低，无疑对 Zoom 的产品造成了极大的威胁。

最后，安全隐私问题。尽管 Zoom 已经部署了自己的安全系统，但是依然存在后端安全性和遇到黑客攻击的问题。疫情期间，安全问题成为其最大的威胁。Zoom 在 2020 年 10 月份宣布它将最终为所有用户提供端对端加密功能，这有望进一步改善安全隐私问题。只是这项功能目前尚处于初期的技术预览阶段，其实际效果还有待观察。

在这个强调产品升级的赛道中，长期来看技术会是影响 Zoom 地位的最关键因素，增强功能才有望建立竞争优势。而为了避免更高的成本支出，Zoom 未来市场主要发展策略将从中小企业迁移侧重于开拓大型企业和机构，这有助于带来更高营收和高性价比的产品定价。Zoom 目前面临最大的风险还是产品的可复制性强，竞争对手反超的可能仍然不小。此外，虽然以下情况发生的可能性较小，但不排除传统科技巨头会采用更低廉的价格以及捆绑式销售，来吞噬 Zoom 的市场份额。

综合来看，当前云视频会议赛道集合了互联网巨头、初创公司等，竞争激烈。而这个过程中，也伴随着安全、用户流失等问题。不可否认，眼下 Zoom 的优势更为突出，但最终市场格局未定，我们还需拭目以待。

11. Anaplan：预测、追踪、分析全面覆盖

Anaplan 的主营业务是云计算平台，提供基于云端的计划预测解决方案，如财务计划和模型工具。其主要服务的行业有金融、销售、供应链、营销和 IT 行业等。

Anaplan 的产品可以作为电子表格供企业使用，其最大的竞争对手就是微软的 Excel。不过，与 Excel 相比，Anaplan 的产品具有更多元的功能，而且可以支持团队协作和一些预设工具的使用，还可以帮助企业查看销售、资本支出、员工绩效等多方面的情况。

在 Anaplan 诞生之初，IBM、甲骨文、SAP 和微软这四大巨头正牢牢占据着企业计划和绩效管理软件市场，但他们开发的软件却给企业带来了一些麻烦，因为企业首先要将数据从系统中导出，然后导入 Excel 里进行测算和规划。

这样的功能设计存在诸多弊端，如不可拓展、不可审查、运算规则是基于单元格的手工设定，非常容易出现错误。另外，即使整个工作流程最终可以顺利完成，但在交给其他员工查看时也很难被迅速理解。而且当时此类软件都不具备云功能，多人协作时需要借助电子邮件或即时通信软件，这种操作方式导致整个流程效率较低。

Anaplan 抓住了这一痛点，用了两年的时间开发出了可以支持多人协作的"云 Excel"，并自主研发了"Hyperblock"内存数据库技术，将数据和逻辑运算规则分开存储。研发完成后，Anaplan 先将产品在小范围内开放给了一批企业进行试用，并在系统中安放了可视化工具和各种金融研究分析模型，以方便使用者快速上手。这也使 Anaplan 的产品可以进行动态协作和智能规划，更为重要的是其服务过程完全基于"云"，并且支持"零部署"，使用者只要在移动端登录即可。

Anaplan 的数据库中有超过 13 万亿条的数据，其客户包括了惠普、VMware、美联航、潘多拉、Facebook 等众多知名企业，人力资源云服务商 Workday 和在线客户管理系统提供商 SalesForce 对其进行了投资。

目前，Anaplan 获得的融资总额达到了 5.6 亿美元，估值超过了 65 亿美元。在成立的十多年时间里，Anaplan 获得了快速发展，未来很有可能成为行业龙头，影响力和知名度也会比现在更上一层楼。

第 4 章

TO B 的商业形态：究竟是作局还是作势

　　商业形态是企业的立足之本，对于 TO B 企业来说更是如此，因为 B 端服务所涉及的行业、领域太多，面向的又是体量较大的企业。TO B 企业若不能构建起一个合适的商业形态，那么其在发展过程中会遇到非常大的阻力。

1. 解密 TO B 的价值链条

　　TO B 的价值链条本质上是利用技术对产业链条进行重塑，打通各环节之间的连接。企业只需要根据自身的实际需求，选择适合的 TO B 企业获得服务，既不需要耗时耗力地在内部搭建基础设施层和硬件层，又不需要承担因复杂产业链条多而引发的成本，这样可以最大限度地缩减运营成本、提升运营效率。

　　TO B 涵盖了包括医疗、零售、金融在内的诸多领域，可以划分为 ERP 企业资源管理、HRM 人力资源管理、FICO 财务管理、OA 办公自动化/项目管理/企业协同工具、BI 商业智能、SCM 供应链管理、SRM 供应商关系管理、CRM 客户关系管理 8 个模块，如图 4-1 所示。

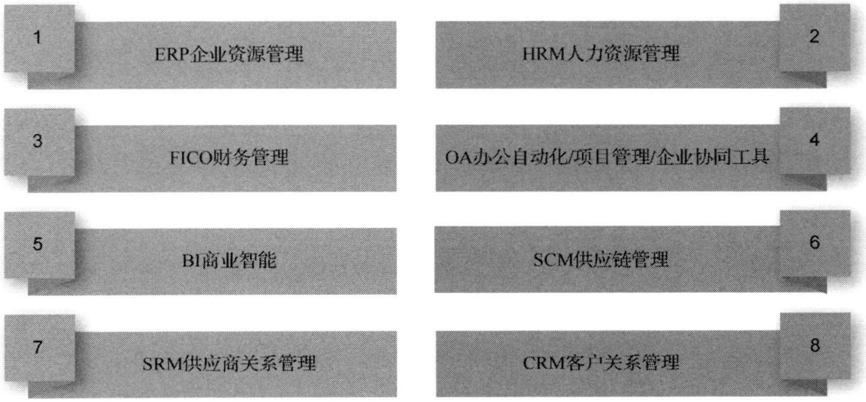

图 4-1　TO B 的价值链条模块

（1）ERP 企业资源管理

ERP 是由美国知名咨询机构 Gartner Group 提出的一种针对企业资源的管理工具，主要指建立在信息技术基础上，以系统化的思想，为企业管理层提供决策运行手段的管理平台。ERP 的功能包括生产资源计划、制造、财务、销售、采购、质量管理、实验室管理、业务流程管理、分销与运输管理、人力资源管理和定期报告系统等。各类用于企业的软件都被纳入 ERP 的范畴。

ERP 具有整合性、系统性、灵活性、实时控制性等优势，具体表现在可以极大程度地缩减运营时间、及时提供各种管理报告和分析数据、增强企业对经营环境的适应能力、对企业资源进行严格控制等方面。

目前，全球第三大独立软件供应商 SAP 所提供的就是 ERP 软件，同时，SAP 也是 ERP 解决方案的先驱，在世界上占有非常重要的地位。通过 ERP 软件，SAP 可以为各种行业、不同规模的企业提供全面的企业资源管理解决方案。

（2）HRM 人力资源管理

HRM 是指人力资源管理系统，它可以通过提升内部员工的满意度和忠诚度来提高员工的工作效率，并且能够帮助企业进一步完善组织体系，在降低成本和提高利润方面有着非常积极的作用。HRM 可以将与人力资源有关的所有信息进行统一管理，包括招聘信息、组织规划、员工简历、员工档案、劳动合同、绩效考勤等。

企业价值实现的具体过程是由员工来完成的，所以人力资源管理非常重要。对于企业来说，HRM 不仅有利于促进人力资源管理政策与商业目标的匹配和结合，还有利于为员工创造良好的工作和组织环境，使员工充分发挥潜力，进而优化企业整体的运营效果。

（3）FICO 财务管理

FICO 即财务管理模块，是一种财务管理工具，它是根据会计法规进行设定的，符合全球 40 多个国家的会计法规，适用于国际型的企业。

FICO 包含两个部分：一是 FI，为外部会计，是按照一定的会计准则来组织账务，并出具满足财税等外部实体及人员要求的法定财务报表；二是 CO，为内部会计，以相对灵活的方式出具满足内部管理机构及相关人员需要的报表，如利润及成本中心、产品成本、获利分析等。

FICO 最大的特点在于"集成"，其可以建立起"人、财、物"一体化战略及执行贯通的信息化平台。FICO 除了是一款财务管理工具，还代表了国际企业管理领域先进的管理理念和方法。

（4）OA 办公自动化/项目管理/企业协同工具

OA 是将现代化办公和计算机技术结合起来的一种新型的办公工具，其通过实现办公的自动化和数字化来优化组织管理结构、提升运营效率、增加企业内部的协同能力。OA 的核心应用包括流程审批、协同工作、公文管理、文档管理、计划管理、项目管理、任务管理、会议管理、沟通工具等。OA 改变了过去复杂、低效的手工办公方式，以计算机为核心，使企业员工可以快捷高效地共享信息和协同工作。

（5）BI 商业智能

BI 即商业智能，其可以将企业拥有的所有数据进行有效整合，并在此基础上提供全局视图和决策依据，以帮助管理者做出正确的业务战略及经营决策。BI 的数据来源于企业其他业务系统和外部环境，应用范围包括销售分析、商品分析、人员分析等多个方面。

标准化对 BI 来说非常重要，因为 BI 的应用涉及与不同系统的兼容问题，若不能与不同系统兼容，BI 就不能发挥出应有的作用。目前，IBM、甲骨文、微软三家企业的产品几乎覆盖了全部的 BI 领域，另外还有很多其他 TO B 企业也活跃在 BI 领域。

（6）SCM 供应链管理

SCM 是一种集成的管理思想和方法，可以帮助企业改善上、下游供应链关系，整合和优化供应链中的信息流、物流、资金流，进而获得竞争优势。SCM 是在 ERP 的基础上发展起来的，其将企业的制造过程、库存系统和供应商产生的数据整合在一起，从统一的视角展现了产品制造过程中的各种影响因素。

供应链是一个非常重要的商业循环系统，在企业运营过程中扮演着不可或缺的角色，加强对它的管理可以提升企业在整个市场上的地位和影响力。SCM 的有效实施可以使企业总成本下降、按时交货率提高、生产周期缩短，最终提高企业收益。

（7）SRM 供应商关系管理

SRM 是一种致力于改善企业与供应商关系的新型管理机制，实施于和企业采购业务相关的领域。借助 SRM，企业可以和供应商建立长期、紧密的业务关系，并进行资源和优势的整合，进而降低成本、开拓市场、实现双赢。SRM 具体的应用包括需求分析、供应商的分类与选择、与供应商建立合作关系、与供应商谈判和采购、供应商绩效评估等。

在过去的很长一段时间内，企业与供应商的关系都未受到重视。但在进入 21 世纪之后，受资源在全球范围内的调配、企业间业务联盟的进一步发展，以及供应链业务紧密相连的趋势越来越强等因素的影响，企业与供应商的关系变得越来越重要。现如今，SRM 被广泛应用于各个行业，企业也因此享受到了更低的成本和更多的新价值。

（8）CRM 客户关系管理

CRM 是指企业利用技术协调与客户之间的交互，实现创新式、个性化的客户关系管理，其目的是提升企业核心竞争力并使企业得到客户的认可，进而在市场中获得竞争优势。CRM 弥补了 ERP 不能高效完成对客户端的管理的缺陷。

CRM 的功能覆盖了市场营销、销售、客户服务三个方面，适用群体包括业务员、采购员、销售助理、财务主管等。美国独立的 IT 市场研究机构 ISM 通过 13 年的跟踪研究发现，CRM 所产生的效益非常显著：每个销售人员的年销售总额至少增长 10%，一般的市场销售费用和管理费用至少减少 5%，预计销售成功率至少提升 5%，每笔交易至少增加 1% 的边际利润，客户满意率至少增长 5%。

由于 TO B 的价值链条比较复杂，而且呈现出模块多样化的特点，所以 TO B 企业在选择时需要对这些模块进行分析，确定自己的发展方向。TO B 企业可以选择其中一个模块进行钻研、探索，利用先进的技术打造产品，专注于一个方向能够使企业研发的产品更具专业性。

2. 供应链产品 vs 流量产品

从宏观的角度来说，TO B 产品一共分为两类，即供应链产品和流量产品，如图 4-2 所示。这是因为 TO B 企业所面向的客户群体是企业，而对企业的运营来说，只有两个大方向，那就是"买"和"卖"。帮助企业"买"的 TO B 产品是供应链产品，帮助企业"卖"的 TO B 产品是流量产品。

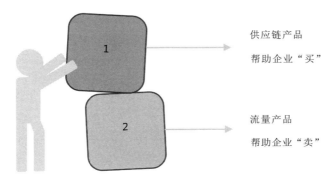

供应链产品

帮助企业"买"

流量产品

帮助企业"卖"

图 4-2　TO B 产品宏观分类

（1）供应链产品

供应链产品是帮助企业"买"的 TO B 产品，即为企业提供生产产品所需的技术支持、原材料购买渠道及运输服务等，简单来说就是帮助企业把产品做出来，然后顺利交到客户手中。供应链产品所针对的是需要在生产过程中提高效率或降低成本的企业，生产过程包含了产品生产、员工管理、财务管理等多个方面。因此，供应链产品不是生产实体产品企业的专属，其可以适用于所有企业。

例如，某服装生产企业的生产效率极低，TO B 企业可以为其提供更为先进的生产技术和流水线；某企业办公地点分散，需要进行沟通协作，一般的社交工具又没有足够强大的功能，TO B 企业可以为其提供专门用于员工沟通协作的社交工具。

供应链产品分为两种模式。一种是将供应链产品直接卖给企业，传统的 TO B 企业基本上都是这种模式。这种模式的特点是一次性买断，TO B 企业只会在卖出产品的一段时间承诺退换或保修，不会为企业提供长期的运维服务。

另一种是将供应链产品租给企业，物流业、采购平台及现今的科技型

TO B 企业基本上都是这种模式。这种模式的特点是 TO B 企业会与企业保持长时间的联系，除产品本身的质量之外，高质量的运维服务也非常重要。

由于数字化时代的到来，很多企业都开始转型，希望可以跟上潮流，不被市场抛弃。于是，越来越多的科技型企业开始从事 B 端服务，为企业在供应端提供技术支持。

美国独角兽企业 Infor 是全球第三大企业级软件及服务供应商，其产品包括企业资源规划软件、财务管理软件、人力资本管理软件、企业绩效管理软件、产品生命周期管理软件、专属存货管理软件、运输物流与仓库管理软件等，可以为企业提供一站式数字化转型服务。

京东也早在多年前就围绕 B 端采购市场进行了布局，其借助智能技术，致力于实现采购全流程的线上化甚至无人化，从客户直接需求到上游供应商源头，实现全链条、全周期的连接，提升企业的采购效率。

京东在企业电商化采购市场中的占比超过 50%，而且有能力整合集团资源，率先布局数字化升级。另外，在"京东企业业务"平台上活跃着 700 多万家企业，其中 5000 家是大型企业，包括国有六大行、三大石油企业等。

（2）流量产品

流量产品是为企业打开销售渠道、吸引客户的 TO B 产品，即帮助企业"卖"。在 TO B 领域，流量产品与供应链产品一样重要，供应链产品的目的是让企业"节流"，而流量产品的目的是让企业"开源"。

流量产品也分为两种模式，即线上流量产品和线下流量产品。线上流量产品是指利用互联网的工具、应用、平台等，吸引海量的客户进行关注、使用，从而形成拥有大规模流量的 TO B 产品。TO B 企业可以与企业达成合作，利用自己所掌握的流量帮助企业打开销售渠道、吸引客户，或者是通过技术手段帮助企业引流。

很多 TO C 企业掌握了大量的流量资源，它们可以将这一优势打包成流量产品卖给企业。例如，头条系产品今日头条、抖音等，目前头条系的大部分营收都来自广告，而作为支撑的正是其超过 5 亿客户的流量资源。

美国独角兽企业 AppNexus 是全球最大的提供全面互联网广告的在线广告售卖平台，其使用电脑程序代替人工进行媒体购买、广告采购等流程，依靠技术和数据实现广告投放，并通过一系列算法帮助企业管理广告的竞标计划。

线下流量产品是指在现实场景内利用一系列手段为企业引流。在过去的很长一段时间里，企业都非常关注线上流量，这主要是因为线上流量获取容易、快速、成本低。但随着互联网的不断普及，网民比例接近饱和，这意味着拓展线上流量将变得越来越困难、成本也越来越高。同时，人们的消费意识也在不断升级，更愿意为情绪、氛围、生活品质和产品服务买单，所以线下流量又变得非常重要。

以分众传媒为代表的电梯广告就是线下流量产品，其拥有非常好的场景优势，而且具有高覆盖、高匹配度、高频次、低干扰的特点，可以吸引人群从而形成流量。现在，电梯几乎是人们出行的必经之路，在电梯中人们总会不自觉地观看正在放映的广告，这样的线下流量产品对 TO B 企业来说其实是一个不错的方向。

定义一个 TO B 产品时，关键就在于找到客户价值和商业价值的结合点，并以此为基础挖掘最核心的需求。在 TO B 领域，无论是供应链产品还是流量产品，其模式都应该是可持续的、长期的、正向增长的，这有利于TO B 企业长久地保持活力和新鲜感。

3. TO B 背后的创业机会

当前，我国 TO B 领域的创业企业比例大幅上升。这主要是因为 TO C 领域已经出现了太多巨头，创业企业要想崭露头角并不容易，于是，面对

TO B 背后的大量创业机会，很多创业者都将目光锁定在 TO B 领域。

在宏观层面，很多企业都难以负担不断上升的人力资源成本，用技术手段代替人工、提高运营效率几乎是每一个企业的必经之路。以人力资源领域为例，《中国企业社保白皮书 2019》公布的数据显示，超半数受访企业的人力成本占总成本的比重超过了 30%，甚至还有一部分受访企业的人力成本占总成本的比重高达 50%以上。

在过去的很长一段时间里，国内的企业、投资者、创业者大多不重视 TO B 领域，所以导致国内的 TO B 领域发展较为滞后，但近些年来，这样的情况已经有所好转。2019 年，国内有多家 TO B 企业跻身独角兽行列，并分别获得了巨额的投资。不过即使如此，TO B 企业也很难呈现裂变式增长，而是需要不断积累和沉淀。

那么创业者应如何挖掘 TO B 背后的创业机会呢？3 个方面应引起创业者的重视，如图 4-3 所示。

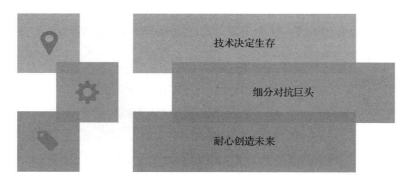

图 4-3　创业者挖掘 TO B 背后的创业机会应重视的 3 个方面

（1）技术决定生存

当前，很多企业已经逐渐意识到依靠技术来缩减成本、提高效率的重要性，但这也对 TO B 企业的专业性提出了更高的要求。由于 TO B 产品和服务的替代成本较高，而且需要花费很多时间和精力才可以真正适应，因此企业会非常重视 TO B 产品和服务的效果，而这就要求 TO B 企业必须拥有过硬的技术。对 TO B 领域的创业企业来说，则更需要拥有过硬的技术，因为只有在前期做好标杆项目，才可以在后期吸引更多的企业进行合作。而想要打造标杆项目，就必须有技术的支持。

技术革新可以促使 TO B 企业开发出新的产品和服务，达成提高续费率、增加营收的目的。而且过硬的技术也是建立壁垒的核心，TO B 企业只有建立起足够坚固的壁垒，才能牢牢占据市场，保证自己在未来的博弈中不被淘汰。

2019 年被称为"资本寒冬"，很多投资者都变得更谨慎，即使创业者描绘的"蓝图"再美好，也很难打动他们。然而，TO B 领域需要大量资金进行前期支撑，所以创业者想要从投资者手中募得大量资金，就必须通过技术来展现专业性。虽然 TO B 产品不像 TO C 产品那样在极短的时间内就可以获得收益，但拥有过硬的技术能让投资者看到未来的保障。

例如，目前 TO B 领域中比较火爆的人工智能就是以技术作为核心。而且从百度自动驾驶汽车亮相，到阿里云人工智能助力平昌冬奥会，人工智能的新闻几乎从未间断。随着发展的渐趋成熟，人工智能正在向"产业人工智能"的方向迈进，人工智能不再仅仅只停留在实验室层面，而是要实实在在地为产业赋能。所谓"产业人工智能"，指的是人工智能和产业的深度结合，它将至少具备三种能力：数据整理和分析、简便易用、不断进化。而这一切，都需要强大的技术支持才能够实现。

（2）细分对抗巨头

百度、阿里巴巴、腾讯三大互联网巨头正在不断进行 TO B 领域的布局，而其他互联网企业也没有停下脚步。例如，美团就持续在 TO B 领域加码：首先，推出餐饮开放平台和餐饮 ER 服务商共建餐饮生态系统；其次，正式对外发布生活服务开放平台。经过这一系列的操作，TO B 俨然已经成为美团获得利润的主要方向。

但巨头的入局并不意味着创业企业会在 TO B 领域丧失机会。首先，

TO B 市场极大，TO B 市场的红利还没有被瓜分干净，而且缺少像阿里巴巴、百度、腾讯那样的巨头；其次，国内的 TO B 市场有着数量繁多、层次复杂的需求，需要不同种类的 TO B 企业去满足。

对于 TO B，开拓细分领域在一开始便十分重要，而巨头往往比较注重平台和生态，虽然掌握资源较多，但也很难一手遮天，在很多细分领域做的不一定比小企业要好。例如，阿里巴巴的钉钉，其覆盖面极广，很多功能也都是免费的，却很难满足更为专业和深入的需求。由此可见，创业者在 TO B 领域中还是有机会和巨头抗衡，并取得成功的。

探迹科技便是专注于智能销售预测的代表性企业，其所切入的细分领域是企业的获客需求，即通过提供从线索挖掘、商机触达、客户管理到成单分析的全流程销售解决方案，帮助企业实现吸引更多客户、提高销售效率、节省人工成本的结果，如表 4-1 所示。

表 4-1　探迹与传统公司对比

	寻找线索	线索优化	客户分析	系统整合	结果产出
传统公司	线索资源部门市场营销、广告投放、销售自查	购买第三方产品补全信息，对接多个数据源渠道，依靠人为感性判断	缺乏数据积累，缺乏专业的数据分析团队，价格高昂	第三方开发或自己的研发团队负责接口开发及维护	超过数十人的团队，成本高昂，大幅压缩销售经费，导致业绩增长乏力
探迹	探迹销售预测模型（Prophecy）				全流程解决方案，精简公司组织架构，更加专注销售本身，实现业绩快速增长

但 TO B 创业者也要适当地规避和巨头的正面抗衡，尤其是在较为基础的服务方面，其比拼的更多是可投入资源的多少，在这一层面，TO B 创业者很容易被巨头击垮。总之，对于想要入局的新手来说，最重要的还是

进行细分领域纵深发展，基础服务可以适当地进行让渡。

（3）耐心创造未来

TO B 领域的创业企业要想赢得未来，还需要有足够的耐心。过去，一个原本需要 5 年时间进行开发的项目，经常会因为投资者提出的 5 倍投入而压缩为 1 年，这样的做法若放在 TO B 领域很难实现。因为 TO B 产品和服务必须花费大量的时间去细细打磨，失去耐心只会事倍功半，甚至一无所获。

在 TO B 领域，创业者应该沉下心来，把关注点放在未来的发展趋势和市场空间上，不能因为短期的热点而使整体发展方向产生偏差。通常情况下，TO B 企业从技术到产品再到商业化，都有一定的规律，其所需要的发展周期也相对较长，短时间内的资源催熟未必是好事。倘若将整个节奏打乱，TO B 企业的正常运营很可能会受到影响，也会使长期发展的目标难以达成。

相对 TO C 的快节奏而言，TO B 是一场需要坚守阵地的持久战。不过，TO B 企业只要能够在市场中扎住根，前景就会非常广阔，效益自然也不会太差。所以对想要在 TO B 领域大展拳脚的创业者来说，耐得住寂寞才能赢得未来。

4．深度挖掘原有客户价值

TO B 和 TO C 之间有非常多的不同点，但其实这些不同点主要集中在两者的具体表现上。例如，在目标和侧重点上，TO B 和 TO C 就有非常大的不同之处：TO B 的目标是帮助企业提升效率，侧重于产品的功能设计而非使用体验；TO C 的目标是让客户感觉到舒适，所以侧重于使用体验。而在其他方面，诸如决策周期长短不同、替换成本大小不同等，也都是体现在具体表现上。

但抛开 TO B 和 TO C 的产品形态和具体表现来看，两者的核心思想还是相通的，那就是客户价值。无论是 TO B 还是 TO C，其商业价值上限都等于单个客户价值乘以市场容量。但对于 TO B 来说，哪怕是巨头也很难做到全面覆盖市场，因为其中的细分领域确实是太多。所以对于从事 B 端服务的企业来说，深度挖掘客户价值非常重要。

深度挖掘客户价值最优先的目标就是原有客户，因为原有客户会更容易进行沟通和产生信任感，这使 TO B 企业的工作更容易开展。TO B 企业深度挖掘原有客户价值的两个方面，如图 4-4 所示。

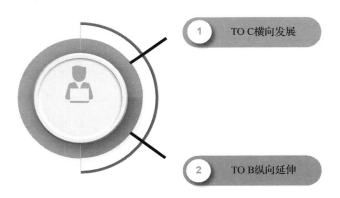

图 4-4　TO B 企业深度挖掘原有客户价值的两个方面

（1）TO C 横向发展

在过去的 20 多年里，国内的 TO C 领域出现了飞跃式发展，对于处在 TO C 领域的企业来说，最重要的就是客户和流量。经过长时间的积累和沉淀，国内的 TO C 企业已经拥有了足够多的客户作为存量，如果可以将这些原有的客户成功导入 TO B 业务中，将会对国内的 TO B 领域产生非常大的促进作用。

TO B 产品虽然面向的是企业，但其决策者也是作为个体存在的，他们也会享受 C 端服务。当这部分作为决策者的个体被导入 TO B 业务以后，就可以成为购买 TO B 产品的关键力量。当然，这可能有点儿像大海捞针，也许 10 万个客户中只有一个是企业的决策者，所以这一点发挥的大多是辅助作用。更为重要的是，C 端的客户和流量可以被用来进行 TO B 的原始数据积累和广告业务开发。

阿里云目前在全球云计算市场排名第三，国内稳居第一，年营收规模也是一直在突破，4 年间增长了大约 20 倍，如此迅猛的发展与淘宝系产品在电商领域的积累是密不可分的。大量的淘宝系商家将他们的商业数据上传到阿里云，这些商业数据为阿里云积累了非常多的关于技术发展、优化计算、存储资源、综合配置等方面的经验。

爱奇艺一直处于国内移动端视频市场的第一梯队，广告业务是其主要营收来源。但不得不说，过多的广告不仅会影响客户体验，还会造成客户流失，为此，爱奇艺在广告中添加了个性化元素，通过让客户玩小游戏来延长停留时间，以此获取效益。虽然广告属于 TO B 业务，但是这一做法主要靠的是深度挖掘原有 C 端客户的价值。

众所周知，腾讯是做社交和游戏起家的，但现在，广告业务已经成为引领腾讯前行的一匹黑马。腾讯的年报数据显示，2019 年上半年，腾讯在广告业务上的营收为 298 亿元，同比增长超过 20%，而且还有非常大的发展空间。这主要是因为对广告业务来说，最重要的就是流量，腾讯所拥有的超过 10 亿的庞大客户群为其提供了广告业务大发展的基础和保障。

（2）TO B 纵向延伸

除了通过导入 C 端的客户和流量进行横向发展，TO B 企业还可以进行纵向延伸，去深度挖掘原有企业的价值。随着企业自身规模的发展，其需求也在不断增加，TO B 企业则需要在此基础上不断跟进，积极创新，为企业提供相应的产品和服务。

例如，一家企业原本只有十几个员工，他们的主要工作就是进行产品销售，那么这家企业这个时候的需求就是提高销售效率。随着规模不断扩大，员工数量由十几个变成了上百个，那么这家企业这个时候的需求就不仅是提高销售效率，还涉及财务管理、人力资源管理等诸多方面。如果 TO B 企业可以对这家企业进行持续跟进，那就可以将其变成存量，并持续获得更丰厚的收益。

而且更为重要的是，TO B 企业和原有企业之间已经建立起很强的信任感，这使新的 TO B 产品和服务在进行打磨的过程中不会遇到太大阻力。未来，TO B 企业还可以用相对成熟的产品和服务去吸引更多的企业。

5. TO B 供应链的前景如何

供应链是将供应商、制造商、分销商及消费者连成一个整体的网链结构，其整个过程从配套零件开始，历经中间产品和最终成品，最后由销售网络把最终成品送到消费者手中。建立起高效率的供应链，无论是对行业还是企业来说，都是大有益处的。

目前，我国正在大力发展供应链，用以助力经济增长。根据国务院发布的《关于积极推进供应链创新与应用的指导意见》（以下简称《意见》），发展供应链的重要意义如下：

（1）落实新发展理念的重要举措

供应链具有创新、协同、共赢、开放、绿色等特征，推进供应链创新发展，有利于加速产业融合、深化社会分工、提高集成创新能力，有利于建立供应链上下游企业合作共赢的协同发展机制，有利于建立覆盖设计、生产、流通、消费、回收等环节的绿色产业体系。

（2）供给侧结构性改革的重要抓手

供应链通过资源整合和流程优化，促进产业跨界和协同发展，有利于加强从生产到消费等环节的有效对接，降低企业经营和交易成本，促进供需精准匹配和产业转型升级，全面提高产品和服务质量。供应链金融的规范发展，有利于拓宽中小微企业的融资渠道，确保资金流向实体经济。

（3）引领全球化提升竞争力的重要载体

推进供应链全球布局，加强与伙伴国家和地区之间的合作共赢，有利于我国企业更深更广地融入全球供给体系，推进"一带一路"建设落地，打造全球利益共同体和命运共同体。建立基于供应链的全球贸易新规则，有利于提高我国在全球经济治理中的话语权，保障我国资源能源安全和产业安全。

《意见》中还确立了供应链的发展目标：到 2020 年，形成一批适合我国国情的供应链发展新技术和新模式，基本形成覆盖我国重点产业的智慧供应链体系。供应链在促进降本增效、供需匹配和产业升级中的作用显著增强，成为供给侧结构性改革的重要支撑。培育 100 家左右的全球供应链领先企业，重点产业的供应链竞争力进入世界前列，中国成为全球供应链创新与应用的重要中心。

除了政策上的推动，供应链本身的市场潜力也非常巨大。以餐饮业为例，智研咨询网发布的《2019—2025 年中国餐饮业行业市场现状分析及投资前景预测报告》显示，国内餐饮业的总产值超过 4 万亿元，其中供应链占比 35%。这也就意味着，仅餐饮业这一个行业，供应链的市场规模就达到了万亿级。

目前，国内供应链正在不断完善，但与国际先进水平相比还有一定差距。很多企业开始在 TO B 平台上采购，不过这也只解决了信息不对称的问题，包含交易、对账、入库在内的整个供应过程还是要由人工完成，效率较低。例如，有些业务会涉及国外单据的核对，在进行这些业务时，企业还是会雇用大量的高学历人才。但若是使用人工智能设备，则可以大幅降低人工成本并提高效率。

对于 TO B 企业而言，想要为企业提供完善的供应链管理服务并不容易，因为 TO B 的场景极为复杂。单就采购这一个环节来说，就包括需求、决策、履约、结算等多个流程，其场景截然不同。而这对很多中小型 TO B 企业，尤其是创业企业来说，是一个很大的挑战，因为其能力和资源很难支持覆盖所有场景，对于企业的需求也很难满足。面对这样的情况，TO B 企业可以从特定业务入手，从细分领域打开市场的突破口。

京东在 2019 年 3 月的工业品战略发布会上正式发布 iSRM 智能采购管理平台，以工业品市场为切入点，帮助传统工业供应链提效减负。对于京东来说，这是在响应《政府工作报告》中关于"打造工业互联网平台，拓展'智能+'，为制造业转型升级赋能"的要求。

京东所发布的 iSRM 智能采购管理平台，主要是为了解决传统制造业由于供应商数量过多而导致的供应链管理难等问题。该平台可以对金融、物流等多个方面进行整合，从而为企业打造良好的供应链生态，全面提升整体管理效率。

京东集团副总裁、京东零售集团企业业务负责人宋春正表示，传统制造业的转型升级急需通过技术实现一场"内外兼修"的流程再造，京东工业品要做的不仅是一次经营品类的扩展，还要打造供应链管理的乘数效应。

若要像京东这样入局 TO B 供应链，除了需要技术的沉淀和团队的方法论实践，还必须兼顾通用型需要与个性化需求。即使 TO B 供应链有较为广阔的前景，但 TO B 企业如果抱着做"网红产品"的心态，而不去摸索和试错，那成功的概率也将非常低。只有通过不断的尝试和摸索认真研发产品，TO B 企业才能获得成功。

6. 营销是不可忽视的关键点

TO C 企业所面向的客户群体为个人，其在进行消费的过程中感性较强、决策快，所以 TO C 企业很容易通过价格优势、明星代言等营销策略来打开市场。而 TO B 企业则不同，TO B 企业面向的客户群体为企业，其更为理性，决策周期长，十分注重产品和服务本身的质量。当然，这并不意味着 TO B 企业不需要重视营销，因为每一家企业的最终目标都是把产品和服务销售出去，并获得认可。

一般来说，TO B 企业所涉及的范围不会太大，可能就是某个行业中的一个细分领域，其产品和服务也不像 TO C 产品一样可以广泛适用。所以为了引起受众的关注，TO B 企业更应该重视营销，如果套用 TO C 企业那种广撒网引流量的方法很可能会产生事倍功半的效果。那么，TO B 企业应该如何进行营销？TO B 企业进行营销可采取的方式，如图 4-5 所示。

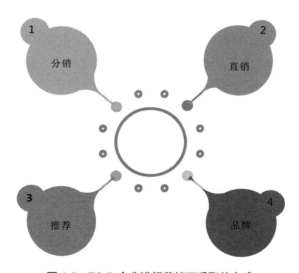

图 4-5　TO B 企业进行营销可采取的方式

（1）分销

代理分销是现在 TO B 领域非常重要的一种营销模式，TO B 企业可以把销售环节交给分销商，从而腾出时间和精力更专注地进行产品和服务的打磨。对于 TO B 企业来说，虽然代理分销的利润点较低，但其仍然可以产生高额的销售收入，这是因为代理分销商一般都拥有客户资源，而且其销售经验也比较充足。

为企业提供会计解决方案的 SaaS 供应商 Xero 就是利用代理分销的营销模式获得了快速发展。会计师可以成为 Xero 的代理分销商，在利用自己专业知识为客户提供服务的同时，将 Xero 打包出售以获取分成。通过这种非常有革新意义的营销模式，Xero 用了不到两年的时间就发展了 2000 家会计企业作为分销商，而且在其 35000 家新增合作企业中，有 60% 都是通过分销商得到的。

国内很多 TO B 企业采用的也是这一模式，以主推社交化客户关系管理系统（SCRM）的六度人和为例，其在国内 SCRM 市场中一直处于优势地位，80% 的客户留存率更是远高于其他 TO B 企业，而其 90% 的收入就来源于代理分销。

（2）直销

直销是 TO B 领域最基本和最常用的一种营销模式，这种营销模式不但操作起来比较简便，而且效果最为明显。从市场的实际情况来看，直销比较适合两种状态下的 TO B 企业：一是刚刚成立的 TO B 企业，其产品和服务尚未得到市场和客户的检验，很少会有分销商愿意代理；二是专门为大型企业服务的 TO B 企业，因为大型企业通常体量大、数量少，TO B 企业可以直接与其进行对接。

但在发展的过程中，TO B 企业还是会遇到直销所带来的局限，所以在通过直销站稳脚跟后还是应该拓展其他营销模式。Zendesk 是一家提供基于互联网的 SaaS 客户服务/支持管理软件的企业，在 TO B 领域有比较大的影响力。

2020 年 1 月—9 月，营收已达到 7.46 亿美元，并且依然保持高速增长的势头。

如图 4-6 所示，Zendesk 的商业逻辑非常清晰。Zendesk 是从云客服产品起家，核心理念在于帮助企业更好地与客户进行沟通，这样的理念建立在一个强大的底层基础上，就是客户与企业的沟通方式发生了巨大的转变，由于移动互联网让客户随时随地都能接入网络，就使客户通过网络与企业沟通的需求越来越强烈，传统的客服系统有复杂烦琐、成本高昂、部署复杂等缺点，这都使传统方式难以满足企业对于客户服务的低成本、高效率的诉求。

商业逻辑

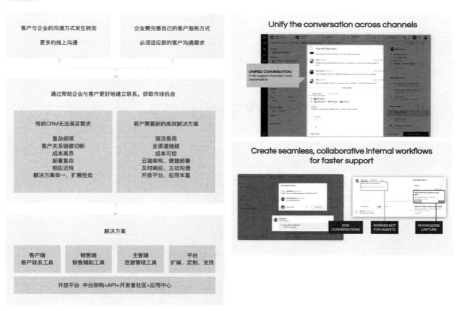

图 4-6　Zendesk 商业逻辑

因此，Zendesk 以全渠道链接作为核心卖点，将电话、官网、社交媒体等平台统统打通，在不同平台接收到的客户信息都整合到一个工作台处理，极大提升了企业的效率，同时采用 SaaS 服务模式，降低了企业的部署成本，通过不断丰富的能力，为企业提供了简洁易用却又非常强大的客户服务工具。同时，Zendesk 以此为基础，延生出了 CRM、数据分析等工具，丰富了平台能力，也方便了企业客户。不仅如此，通过 Zendesk Sunshine，企业还可以将不同平台的数据全部整合到 Zendesk 中进行统一管理，这无疑将 Zendesk 的产品价值提升了一个层级。Zendesk 营销策略如图 4-7 所示。

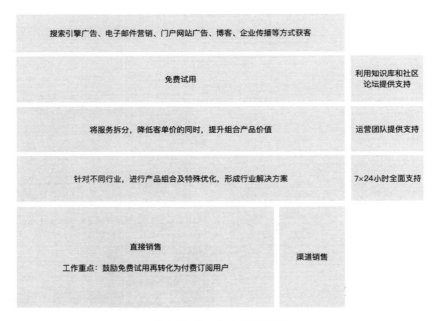

图 4-7　Zendesk 营销策略

　　Zendesk 对初创型企业（收到过 A 轮风险投资、员工人数在 50 人以内），推出了 6 个月的免费试用，而对于其他企业，也有 15 天的免费试用，由于主动拆分了几项产品核心功能，因此单个 SaaS 产品的年费可以控制在较低水平，这样也可以降低企业的部署门槛。同时，企业销售将主要精力放在推进试用企业转为正式服费企业，并且通过知识库、论坛、教学视频等为大部分普通用户提供支持，针对中大型企业，建立专业团队进行全面的运营支撑，针对大型企业，实现 7×24 小时全程陪伴式服务。

这样的服务结构能够使 Zendesk 对不同规模的客户采用不同的服务模式，在保障服务质量的同时尽量将重心放在客户生命周期价值更高的企业上，从而保障了基础盈利能力及服务质量。Zendesk 服务的超过 50000 家企业来源于直销或自助注册购买的营销模式，但现在其已经开始采用代理分销的营销模式。

（3）推荐

推荐是指企业将自己正在使用的 TO B 产品推荐给其他企业，并获得 TO B 企业一定程度的奖励，这种营销模式的典型代表是为企业提供云储存服务的 Dropbox。如果推荐成功的话，企业将获得 Dropbox 给予的 500MB 云存储空间扩容奖励。此举让 Dropbox 的客户数量从 10 万户提升到了 400 万户，而这一过程只用了 15 个月。

（4）品牌

品牌对 TO B 企业也非常重要，因为在开拓市场、发掘新客户时，品牌是最好的敲门砖。但 TO B 品牌和 TO C 品牌也是不相同的，TO C 品牌一般都是围绕趣味性、时尚性、美观性等多种元素进行建立的，而 TO B 品牌则非常注重专业性。

从 TO B 企业和 TO C 企业的公众号中就可以看出区别：TO C 企业的公众号一般风格比较活泼，文章一般也都是从娱乐的角度进行切入；TO B 企业的公众号则倾向于严肃、谨慎的风格，所选的话题基本上也都和商业或财经相关。

TO B 企业想要打造一个影响力强的品牌，最有效的办法就是先与大企业建立合作关系，然后利用自上而下的辐射效应形成业内的正向口碑传播。因为在同一行业中，中小型企业通常会借鉴大企业的选择，头部企业对下层企业的辐射效应非常明显。

TO B 的营销是一个长期的不断优化和调整的过程，TO B 企业需要提前制定好营销策略，并和相关部门做好沟通。通过长期、不间断的营销，

TO B 企业能够吸引到更多企业的关注，同时也会建立起自己的品牌，提升自身影响力，而这对吸引企业、引导企业的选择而言是十分重要的。

7. 技术不能脱离应用场景

TO B 产品的最终目的是要帮助企业解决问题、提升效率，TO B 企业想要开发出能达成这一目的 TO B 产品就必须关注两个方面，即应用场景和技术，其中，应用场景是基础，技术是手段。

很多 TO B 企业在开发产品时只一味地关注技术，却不知道应用场景也是应该重视的关键点，因为很多企业的需求都是在应用场景中体现出来的。以 CPU（中央处理器）为例，Intel（英特尔）为全球最大的 CPU 制造商，而市场中不乏一些 CPU 产品做得很好的 TO B 企业，但是由于其对产品的应用场景了解不到位，在落地应用方面难以与 Intel 竞争，市场份额也被 Intel 远远甩开。所以，TO B 企业在关注技术的同时还要关注产品能否在应用场景中快速落地，任何脱离应用场景的技术都是空谈。

在开发产品时，TO B 企业应该做到三个层面：第一，快速了解企业的业务，为产品的设计提供支持；第二，利用技术还原业务，并构建出相对应的产品；第三，将产品在实际的场景中落地应用，根据发现的问题对其进行调整和改进。总而言之，TO B 企业对企业的业务和场景越了解，它所开发出来的产品就越合理。

对于中小型 TO B 企业，尤其是创业企业来说，更需要深入钻研业务和应用场景。国内多家巨头虽然已经开始进行 TO B 的布局，但由于细分领域过多，很难出现 TO C 市场中那种巨头通吃的局面。TO B 的客户群体是企业，需要为企业提供精细化、专业化的服务，这就要求 TO B 企业要对其所涉及的领域进行深耕，具体表现就是产品要高度契合企业的业务和应用场景。

腾讯金融云发布了开放式移动金融开发平台 TMF，该平台既可以为金融机构在技术开发、运维、安全等方面提供帮助，又可以为金融产业链上下游的各个企业提供全方位的支持。腾讯金融云总经理胡利明曾表示，TMF 的数字技术工具箱和各类技术模块，可以充分满足金融机构在不同场景下的不同需求，这就大大拓展了金融机构合作的范围和渠道，形成一个无边界的金融业务合作生态。

京东数科技也将技术和场景应用相结合视为一个非常重要的战略，其核心能力体现在大数据、人工智能和物联网等方面。其中，大数据是实现产业数字化的技术基础和前提；人工智能早已被应用于风控领域，京东人工智能的整体能力也因为大规模实战而不断得到提升；物联网是解决场景应用问题最为重要的技术之一。

京东数字科技副总裁、技术研发部总经理曹鹏曾表示，所有的技术都不是独立存在的，都是依托于场景的需求，在场景里面有营销、客服、风控，每一个场景背后都是一个或者多个技术的支撑。

目前，京东数科的智能解决方案已经进入养殖场景，通过整合神农大脑（AI）、神农物联网设备（IoT）和神农系统（SaaS），独创养殖巡检机器人、饲喂机器人、3D 农业级摄像头、伸缩式半限位猪栏等先进设备，并应用猪脸识别、声纹识别、视觉估重等技术，实现了养殖场内实时监测、精准饲喂、智能环控等日常功能。

不仅如此，京东数科还创新性地针对奶牛养殖部署了智能项圈、智能监测站、实时监测网、智能喷淋系统等设备与系统。在完成部署后，首农畜牧的 4 座奶牛场可以全面实现牛只管理、人员管理、圈舍管理的数字化、智能化和互联网化，其中包括了精准饲喂、疾病监测、点数估重、任务分配、育种管理等各项环节。

同时，京东数科还在尝试打造农牧产品活体销售平台、数字农业物联网平台、养殖大数据平台等，并联合京东商城、京东物流等京东生态，服务养殖业全产业链的各环节，完善养殖业相关的产业服务体系。

TO B 需要的不是单一的技术，而是互联网、大数据、人工智能、物联网、5G 等大量技术的集成，只有这样才可以实现相应的创新。同时，这些技术必须与企业的业务结合在一起，满足了企业应用场景的技术才能实现落地。

第 5 章

金融：做精做细，尽力填补当前空白

如今，BAT 三大巨头都已经进行了在金融领域的布局，百度正式完成金融业务的拆分，百度金融正式更名为"度小满"并独立运营；蚂蚁金服宣布完成 140 亿美元的天价融资；腾讯 FiT 完成更名，正式以"腾讯金融科技"的形象在官网和微信号上亮相。

与国内相比，美国的金融企业大多选择的是垂直赛道并做精做细，而且从目前的情况来看，在国内金融领域，很难再出现蚂蚁金服这样体量的企业。未来，国内的发展方向将与美国趋于一致，各金融企业将以做精做细的态度尽力填补当前市场上的空白。

1. 金融+科技=两相情愿

"金融+科技"并不是两个概念的简单组合，而是通过各类科技手段对传统金融机构所提供的产品和服务进行创新与提升，进而提高整个金融领域的效率并有效降低运营成本。

根据金融稳定理事会（注：前身为金融稳定论坛，是七个发达国家为促进金融体系稳定而成立的合作组织。在中国等新兴市场国家对全球经济增长与金融稳定影响日益显著的背景下，2009 年 4 月 2 日在伦敦举行的 20 国集团金融峰会决定，将 FSF 成员扩展至包括中国在内的所有 G20 成员，并将其更名为 FSB-Financial Stability Board）的定义，金融科技主要是指由大数据、区块链、云计算、人工智能等新兴前沿技术带动，对金融市场及金融服务业务供给产生重大影响的新兴业务模式、新技术应用、新产品服务等。

金融和科技更新换代的速度都比较快，两者都能通过大量细微技术的不断升级，在大规模积累的基础上完成跨越式发展。而"金融+科技"更新换代的速度则要更快，其中，金融是发展方向，科技是基础，这两者的融合可以在短期内对整个经济社会产生一定影响。

与发达国家相比，国内的金融体系发展相对滞后，传统金融服务供给相对不足，所存在的问题有对实际市场和客户需求关注不足、对实体经济的发展支撑不够等。所以在国内，金融领域仍然存在大量的未开发市场，亟须利用科技对其进行赋能。而很多科技企业也希望在金融领域创造价值，在此情况下，"金融+科技"的组合便成为"两相情愿"。

我国在金融领域相较于发达国家而言也起步较晚，金融科技企业绝大部分都是近十年内成立起来的，表 5-1 所示为国内外金融科技企业成立时间对比。

表 5-1　国内外金融科技企业成立时间对比

	国外（国家　时间）	国内（时间）
互联网支付	Paypal（美国　1998 年）	支付宝（2004 年） 微信支付（2014 年）
互联网保险	Direct Line（英国　1985 年） INSWEB（美国　1995 年）	众安保险（2013 年） 泰康在线（2015 年）

续表

	国外（国家 时间）	国内（时间）
股权众筹	AngelList（美国 2010 年） Wefunder（美国 2012 年）	天使汇（2011 年） 众筹网（2013 年） 天使客（2014 年）
网络银行	SFNB（美国 1995 年） Egg（英国 1998 年） 乐天银行（日本 2009 年）	深圳微众银行（2014 年） 浙江网商银行（2014 年）
消费金融	桑坦德（西班牙 1963 年）	捷信消费金融（2010 年） 北银消费金融（2010 年）

与发达国家相比，我国的金融体系还不是十分成熟，所以创新空间非常大，科技赋能金融的需求十分强烈，发展势头也更为迅猛。而且就目前的情况而言，我国的金融科技已经后来居上，与发达国家相差无几。

在整体趋势上，参与金融科技的主体更加多元：传统金融机构积极转型，纷纷成立金融科技企业；互联网企业利用技术优势在业内牵头；金融IT 服务企业谋取金融牌照，向金融科技方向转型；万达、国美、苏宁等一些典型的零售企业致力于利用自身在 C 端的数据积累和客户黏性对消费金融市场进行开拓。

经过了前些年的粗放式发展，我国的金融科技逐渐趋于规范化，最显著的特征就是监管强度越来越高。不过，由于现有的监管手段和技术相对落后，所以监管科技也成了未来金融科技发展的重点领域之一。

目前，我国的金融领域一共包括 4 种发展模式，分别是成立金融科技企业、入股金融科技企业、收购金融科技企业和政府主导的金融科技项目，如图 5-1 所示。

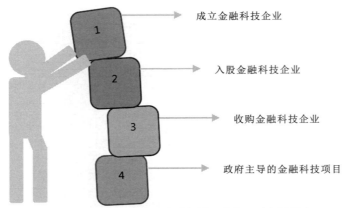

图 5-1　我国金融领域发展的 4 种发展模式

（1）成立金融科技企业

一些金融科技的细分领域所需要的技术水平较高，相对应的入行门槛也就更高，在发展的过程中通常需要进行大规模投入及获得相关牌照。所以，想要在这些细分领域进行发展的企业，可以直接出资成立相应的金融科技企业，以达到快速填补目标市场空白、获取市场份额、建立优势地位的目的，从而使自己在激烈的竞争中胜出并获得收益。

（2）入股金融科技企业

成立全新的金融科技企业虽然可以抢占先机，但是通常需要投入大量的资源，而且还要经历较长时间的市场培育期。因此，对于一些希望在金融科技领域布局的企业来说，以投资者的身份对市场上已有的金融科技企业进行战略投资，以获取长期、稳定的投资收益也是非常不错的选择。

在实际操作层面有两种形式：一种是直接出资入股金融科技企业，这种形式相对灵活，一般来说没有太高的门槛，但体量通常不会很大；另一种是由业界影响力较大的投资机构牵头，发起成立专项产业基金对金融科技企业进行战略投资，这种形式对资金供给方的门槛要求更高，但资金募集规模更大，项目运营周期也更长。

（3）收购金融科技企业

一些想要在金融科技领域进行快速推进的大企业通常会以收购的方式入驻金融科技企业，这样做可以获得对金融科技企业的绝对控制权。一般情况下，被收购的金融科技企业在业内的某些特定领域中会拥有极强的核心竞争力，如产品、团队、技术、市场份额等。收购完成后，收购方通常会将被收购方的资源和优势与自身业务模块相结合，通过正向叠加效应对金融科技领域进行战略布局。

（4）政府主导的金融科技项目

有一些重大的金融科技项目会关系到国家未来的经济走势，其往往超出一般企业的能力范围，所以需要政府管理层主导，给予大量的资金、政策、产业调整等支持才能顺利推进。对于这样的金融科技项目，企业可以通过投资的方式入局，并获得相应的效果。

可以预见，在不久的将来，科技赋能金融的市场会被进一步打开，业务也将涵盖 TO C 和 TO B 两个方向。到那时，更多的传统金融机构和科技企业将会联合起来共谋发展，而这也将改变金融领域的发展环境和生态模式。

2．TO B 解决金融的痛点

随着金融与科技的进一步融合，传统金融机构越来越意识到科技的重要性。于是，一大批传统金融机构开始进行新一轮的数字革命，致力于梳理、解构甚至重塑自身服务小微企业、普惠客户的能力。对于传统金融机构来说，这种能力不再局限于与科技企业之间简单地要素互换，而是以共建的形式将合作推向更深层次。

除了传统金融机构，很多科技巨头、金融巨头也在寻找"金融+科技"

的落地方案。此前，一些企业选择在 TO C 领域尝试研究两者的落地方案，但现在，随着流量成本的上涨、监管力度的加大，越来越多的企业都将目光转向了 TO B 领域。

与 TO C 业务不同，TO B 业务的发展不仅要依靠大量的资金投入，还要拥有核心竞争力，即利用先进的技术打造技术壁垒。因此，在发展 TO B 业务时，企业必须思考能否依靠技术打造出技术壁垒。

同时，如果 TO B 企业想在金融领域发展 TO B 业务，还应该知道 TO B 业务需要解决金融领域的痛点，因为很多现存的传统金融机构和科技企业比创业企业拥有更多的资源。例如，阿里巴巴、腾讯等巨头已经通过先进的科技获取了大量客户；而传统金融机构也拥有广泛的客户群体。

因此，TO B 企业无论是与科技企业、传统金融机构竞争，还是要为其提供服务，都必须找到其痛点，并以此为基础建构起核心竞争力，否则将很难生存下去。那么，TO B 企业具体要怎样做呢？TO B 企业需要关注消费金融和金融监管两个领域的业务模式、行业格局、发展方向及创新突破。

（1）消费金融

在 TO B 领域，消费金融是一个非常不错的赛道，主要原因有两个：一个是行业规模巨大，增长迅速；另一个是消费金融还可以作为一种新业态、新模式，促进消费升级，拉动内需。

消费金融是指由金融机构向消费者提供包括消费贷款在内的金融产品和服务。根据美联储的年度消费金融报告的定义，狭义的消费信贷包括汽车贷款、耐用品消费贷款、学生助学贷款、个人信贷额度、无抵押个人贷款、个人资金周转贷款及房屋修缮贷款等；广义的消费信贷则将房地产抵押信贷纳入了范畴。消费金融生态圈包括核心参与者和外围服务提供商，其中核心参与者包括消费品提供商、资金提供方和消费金融需求方，外围服务提供方包括征信服务提供方、支付支持方、大数据营销提供方等。

在中国，广义上的消费金融企业是指从事消费金融行业的企业，狭义的消费金融企业可以用消费金融公司代称，指的是已通过中国银监会批准，设立于中国境内，并未对公众存款进行吸收，基于分散以及小额等原则，将以消费作为主要目的的相关贷款提供给境内居民的非银行金融机构。目前，消费金融行业的参与主体主要包括商业银行、消费金融公司、汽车金融公司等持牌金融机构，以及电商平台、互联网公司、金融科技公司等非持牌机构。

目前，消费金融拥有广阔的发展空间，但 TO B 企业需要关注消费金融的三驾马车：一是风控，二是资金，三是获客。

自 2017 年以来，消费金融领域已发生翻天覆地的变化。在我们展开讨论之前，有必要了解下行业的变革和动态。

无场景，不金融。消费金融是最依赖场景的金融产品。消费金融是一种资源，场景流量也是一种资源，随着社会经济形势的发展和行业的兴衰，消费金融和场景的融合过程是动态的，双方都在不断地进行双向选择，不断地进行平衡，不断地改变自己以适应外部的合作。当前消费金融已经进入新一轮的重平衡阶段。

首先是线上线下场景重平衡。传统消费金融机构开始转向线上场景，回归到可控生态，精简外部场景。互联网消费金融公司，加速渗透线下场景平台，在垂直场景进行裂变经营。微信"分付"入场，有意撼动消费分期市场。手机厂商的金融板块开辟"借钱"专区，凭借近 10 亿日活硬流量跻身头部消费金融场景。产业互联网开始"圈地运动"，自建信用支付产品。消费分期巨头另辟蹊径，打造场景消费聚集权益服务，构筑生态"护城河"。

其次是消费金融融入刚需场景。疫情期间，在线医疗、在线生鲜服务、在线教育加速和消费金融融合。青少儿英语培训平台 VIPKID 与微粒贷、招联金融合作。度小满金融和新华教育集团、山东蓝翔、达内科技合作。

海尔消费金融公司和中华会计网校、TUTORABC 合作。疫情期间，平安好医生新增用户日均问诊量是平时的 9 倍，新注册用户量增长了 10 倍，平台疫情期间累计访问人次达到 11.1 亿人次，吸引小赢钱包、百度有钱花、玖富借贷等入驻。生鲜市场也是消费金融场景新蓝海。苏宁小店的苏宁有菜交易规模疫情期间同比增长 800%，苏宁金融任性付开始用于苏宁有菜的信用支付。永辉超市疫情期间销售额暴增 600%，永辉云金小辉付可以用于永辉超市到家服务。

最后是消费金融场景向头部平台集中。场景意味着生态，意味着客户，意味着收入，场景就是消费金融的血液。突如其来的疫情是场景变化的催化剂，让好的更好，让差的更差。马太效应开始凸显。2020 年 Q1，一些劣质场景在疫情催化之下不断爆雷，一些场景的 D1 逾期率高达 20%。金融机构逐步撤出纯流量、无场景平台。

那么，消费金融巨头的场景布局有什么新动向？

股东原生生态才是传统消金流量源泉，如海尔消费金融背后的海尔，招联金融背后的联通，苏宁消费金融背后的苏宁易购，马上消费金融背后的重庆百货、物美、浙江中国小商品城，尚诚消费金融背后的携程旅游，哈银消费金融背后的度小满和同程，包银消费金融背后的新浪微博，小米消费金融公司背后的小米集团。

传统消金机构一方面收缩阵线，撤出小场景，回归股东生态，深耕股东生态场景形成比较优势；一方面往线上走，加速和线上大平台合作。

① 海尔消费金融回归海尔生态。海尔消费金融通过海尔消金、够花、海尔智家 3 个 App 经营场景。在海尔消费金融中，场景消费金融占到 40%，外部场景聚焦做教育和家装，内部场景聚焦家电分期。App 方面，海尔消金 App（主打分期商城、会员服务）在华为应用商店上的安装量超过 146 万次，够花 App（主打年轻人信用借款）在华为应用商店上的安装量超过 1394 万次，海尔智家（主打家电电商和分期）在华为应用商店上安装量

超过 2000 万次。

外部场景方面，海尔消费金融和有住家装公司合作装修分期。2018 年，海尔消费金融对接了 600 家在线教育平台，如在线职业教育、在线小语种、在线课程辅导等。内部场景方面，这两年，海尔消金开始回归母公司生态，和股东红星美凯龙合作"星易家居贷"，和海尔公司合作"智家白条"和家电分期。

在线上，海尔消金 2020 年 3 月联合海尔智家 App（日活 20 万）推出了"智家白条"，为商户提供生活消费金，为消费者提供海尔家电分期服务。在线下，海尔消费金融为覆盖 336 城 4000 余家海尔专卖店提供家电分期产品"0 元购"，由商户经营者进行贴息，刺激客户消费。

② 马上消费金融主攻线上场景。马上消费金融虽然已经在线下和它的母公司重庆百货、物美集团合作提供购物分期产品，但在目前还是以线上场景为主，信用贷款场景远超消费场景。马上消金对接了 130 个线上场景。在线上，马上消费金融的商品分期产品嵌入了中国电信翼支付、OPPO、vivo、唯品会、爱奇艺、上银闪付等 20 多个消费场景，信用借款产品"安逸花"和腾讯、支付宝服务号、今日头条、网易、滴滴等 180 个流量平台合作。

同时，互联网消金加速在产业互联网"圈地"。互联网消金机构，具有数据丰富、风控技术领先的优势，敢于闯荡新世界、做下沉客户，它们主导了近几年消费金融场景此起彼伏的"圈地运动"。百度有钱花、蚂蚁花呗、苏宁金融任性贷等互联网消金平台近几年比较大的动作，就是加速和在线教育、零售、生鲜、出行、运动健康、手机等产业互联网进行深度融合。

互联网消金绝不仅是给产业互联网的客户提供贷款产品，还和产业互联网在产品联合创新、会员互通、权益共建、精准营销获客等方面进行深度融合，让自身的消费金融产品具有更强大的场景生命力。

① 搜索引擎开路，有流量任性，教育分期打开百度有钱花场景生态。教育分期是百度有钱花的场景破冰之作，也打响了百度有钱花的名气。

美国 Statcounter 网站 2020 年数据显示，百度搜索引擎在国内市场份额达 68.77%。搜索引擎又是教育培训的主要广告入口，凭借搜索引擎流量，百度有钱花和国内 3000 个教育培训机构建立了合作。

百度有钱花不但给教育培训机构提供教育分期服务解决培训客户资金不足问题，也通过百度搜索引擎为这些机构提供品牌曝光和导流获客服务。百度有钱花和火星时代、中公教育、新东方、都学课堂、韦博英语等建立了教育分期合作。在 2016 年，百度有钱花就已经占据教育分期 75% 的市场份额。金融机构也纷沓而来，天津银行为度小满金融提供 200 亿元的授信额度支持，其中 100 亿元定向用于教育分期等场景消费金融。

但是场景太集中也有风险，因为教育培训机构本身经营是有风险的。2019 年 10 月，英语培训四巨头之一的韦博英语关闭，给教育分期市场带来一片恐慌。为了避免培训机构跑路风险，百度开始和培训机构共建百度销售大学，尝试建立可控的教育分期场景，但是目前还未成规模。医美分期也是百度有钱花的战场，百度有钱花已经和艺星、美莱、华美、丽都等头部医美平台进行合作。

② 蚂蚁花呗开启垂直场景裂变经营，渗透平台会员生态。蚂蚁花呗是消费场景渗透最广的消费金融产品，目前已经支持乐视商城、海尔商城、华为商城、小米商城、OPPO 商城、当当网、一号店、银泰网、考拉海购、唯品会、聚美优品、口碑、饿了么、美团、Keep 等平台。

2020 年 3 月，蚂蚁花呗专门为饿了么和口碑的客户打造了吃货卡，吃货卡拥有在这两个平台消费的专属信用支付额度，还可以享用吃货卡专享的饿了么外卖和消费优惠。这是蚂蚁花呗产品在垂直场景里面的裂变。考拉海购和蚂蚁花呗合作，客户只要冻结 279 元花呗额度，无须付费就可以使用考拉海购黑卡轻会员，这是蚂蚁花呗在横向会员生态的渗透。

③ 苏宁金融消费金融场景战略是内外兼修，对内深耕智慧零售场景，对外连接头部消费场景，外部场景获客占比达 60%以上。苏宁金融的消费金融产品，基于苏宁小贷公司对外提供服务的产品包括任性贷（信用借款）、任性付（信用支付），基于苏宁消费金融公司对外提供服务的产品是省薪借（信用借款），基于苏宁银行对外提供服务的是升级贷。

苏宁金融的消费金融产品拥有强大的场景。任性付主打内部场景，用于苏宁易购线下综合体、县乡镇市场的零售云店、社区和 CBD 市场苏宁小店、线上电商的信用支付。任性贷主打外部场景，已经和华为 Pay、三星 Pay、OPPO 等手机厂商合作，和饿了么、58 同城、贝贝母婴、乐美购、嘉联支付等生活服务商合作，和哈啰出行、同程旅行、驴妈妈、青岛地铁等出行商旅服务商合作，和爱奇艺、PP 体育等娱乐服务商合作。升级贷、省薪借主要主打外部场景客群，已经覆盖滴滴出行、美团、阿里巴巴、我的南京等场景。

苏宁金融的消费金融产品，较早完成了数字化经营体系构建，打造了全流程"伽利略"消费金融科技产品解决方案，可以有效提升流量的转化率，降低资产的不良率。"伽利略"消费金融科技具体包含"知心"流量精准运营系统、CSI 反欺诈体系、"透镜"风控决策引擎、信用风险矩阵、"千寻"智能催收机器人、"小 V"智能客服系统、"星象"存量客户促活系统等。

④ 腾讯先通过微信支付获客，再通过"分付'进行变现。2020 年 3 月，微信上线了"分付"产品，可用于消费支付的分期付款。"分付"被预先集成到微信支付中，无须客户事先申请分期即可使用。微信支付目前已经覆盖了 5000 万家商户，这是"分付"无可比拟的场景优势。微信"分付"的优势还在于微信的会员体系。微信为收单商户建立会员管理系统，这个会员管理系统将十分有利于"分付"的拉新、促活和留客。

⑤ 产业互联网"圈地运动"，垂直化信用支付产品兴起。美团 App 中有美团生活费产品，支持在外卖支付过程中的信用买单，以及平时周转的

信用借款功能，美团生活费通过重庆美团三快小额贷款公司对外提供服务。近期美团生活费买单产品已经升级为美团月付，出现在美团的收银台中。滴滴出行 2018 年向部分用户开放和上线了滴滴信用付，用户可享受 500 元信用额度，由深圳华强小额贷款公司提供服务。

⑥ 手机公司才是消费金融场景的下半场。手机公司做消费金融有着巨大的优势，手机已经是每个现代人出门必备的设备，可以说手机消费金融的场景就在用户的口袋里。另外，手机数据在风控方面有着无可比拟的价值，手机会员忠诚度也较高。华为一年销售手机 2.08 亿台，EMUI 日活用户数达到 4.7 亿人，华为在华为钱包中打造了"借钱"板块，目前和百度有钱花、苏宁金融任性贷和华夏银行龙商贷合作。OPPO 也打造了"借钱"板块，除了 OPPO 自己开发的分子贷，也和马上消金安逸花、易借款、招联金融好期贷、苏宁金融任性贷进行了合作。

小米手机 2019 年出货量达 3880 万台，位于中国大陆出货量第四。2019 年，小米的互联网服务收入达 198 亿元，小米线上互联网服务如视频、音乐、游戏、文学等有很大的消费空间。小米线上互联网服务入口 MIUI 拥有 3.1 亿人月活用户，MIUI 是小米消费金融公司的天然场景来源。小米消费金融公司获批，截至目前小米拥有 6000 多家门店，有天然的线下消费场景，而且小米消费金融公司和小米金融业务板块并不冲突，小米金融业务板块已经有一段时间了，有专门的小米借贷 App，和持牌金融机构开展助贷导流合作，偏于信用借款服务，而小米消费金融偏重于消费分期。

其次，分期平台开始关注非贷款服务场景。近两年，分期平台发展明显已经遇到瓶颈，消费金融分期产品已经不足以支撑未来生态和业务规模的增长，分期平台也面临存量分期客户流失的风险。分期平台急需新的非贷款服务的产品，用来增强存量分期客户黏性，同时吸引外部新的高价值客户。

例如，乐信打造了权益聚集平台"乐卡"，会员黏性建设的巅峰。2019 年乐信自有场景分期商城 GMV 达 81 亿元，线下交易场景 GMV 205.6 亿元。乐信目前在打造"新消费平台战略"，通过分期乐商城、桔子理财、鼎盛资产、乐卡、乐信财富打造消费闭环生态。乐信在分期方面已经和蘑菇街、中粮我买网、锦江 WeHotel、dunkhome（潮流运动社区）、回收宝、vivo和苹果合作。

乐信开始经营场景权益聚合，重点是年轻人的消费场景，乐卡就是乐信打造的权益聚集平台，可以帮助用户花更少的钱购买会员、享受更高品质的产品和服务。目前，乐卡已接入腾讯、美团等互联网平台及沃尔玛、屈臣氏等线下连锁巨头，已经深入城市商圈、社区、写字楼周边的中小商铺等各类消费场景，拥有涵盖影音游戏、生活服务、旅游出行、餐饮生鲜、外卖美食、商超折扣和健身学习等 120 多项高频需求权益。

乐卡开启了裂变经营，打造了权益子卡，覆盖年轻人喜爱的品牌，喜茶、奈雪、瑞幸咖啡、腾讯视频、网易云音乐、饿了么、亚朵酒店。乐卡，一方面能让乐信深入渗透场景，为场景带来客户；另一方面也掌握了用户的高频消费数据，对于消费金融授信和用信有直接的帮助。

消费金融场景已进入 2.0 时代。打造融入场景个性化的消费金融产品、开发非贷款服务将成为潮流。消费金融产品面向不同的场景应当有一定的差异性，而不能是千篇一律的，这样才能更好地和该场景的用户群体形成共振。同时，消费金融也要思考非贷款金融服务场景，增加提升用户黏性的手段，提升对于客户的附加价值。深度掌控蓬勃发展的场景生态，同时拥有非贷款会员服务能力的机构，才有可能问鼎消费金融场景之王。

另一方面，我们也关注到近年来海外消费金融领域出现了一系列的 TO B/C 创新企业，突破了传统了消费金融向 C 端收费的理念，通过满足 C 端消费者需求，有效衔接了商户端/场景端和 C 端用户，体现了 TO B 赋能的核心价值。其中，以先买后付（Buy Now Pay Later 或简称 BNPL）模式的典型代表 Afterpay 最为突出。特别在 COVID-19 期间，BNPL 的新消费模式风靡全球。许多 Fintech 公司也纷纷加入，未上市的相关公司也在积极融资。

Afterpay 于 2014 年在澳大利亚悉尼成立，是一家科技驱动的支付公司，在澳大利亚、新西兰、美国、英国（以 Clearpay 的品牌运营）、加拿大五个国家运营，同时正积极拓展亚洲和欧洲其他市场。Afterpay 目前拥有约 990 万人活跃用户和约 55400 家活跃商户，公司以平台化的运营模式广泛地连接消费者和线上及线下商户，致力于通过免息分期支付的付款方式为消费者带来便捷的购物体验。

基于交易额向商户收取佣金，为消费者提供免息分期支付服务。Afterpay 向用户提供一种四期免息的分期支付方式，让用户无须支付全款即可获得商品，同时基于交易量根据一定的费率（商户费平均费率为 3.9%）向合作商家收取佣金，2020 财年商户佣金占营业收入 84%，为最主要收入来源。Afterpay 并非信用卡或借记卡的替代品，而是让用户继续使用原有银行卡并在消费和交款之间创造一个时间差，满足用户延期支付的需求，培养用户"先买后付"的健康消费理念。

使用便捷，满足 B/C 端用户需求，构建综合零售平台。我们总结了 Aftepay 的产品特色。

① 申请操作流程便捷，注重软件及网站设计，新用户仅需提交三项基本信息（邮箱、手机号、银行卡）即可完成账户申请。

② 在 C 端，Afterpay 不向用户收取利息费用及其他费用，为消费者节省成本，带来支付便利；在 B 端，帮助商家更好地触达年轻消费者（Afterpay 用户平均年龄为 34 岁），为其提升销售额及用户留存率。

③ 将合作商家的网站入口整合在自身网站上，引导用户进入商家网站，打造在线零售商城，与商户进行联合营销。

吸收合并打造技术优势，通过额度管理及银行卡验证实现稳定坏账控制。Afterpay 在 2017 年与 SaaS 供应商 TOuchcorp 完成合并，融合了 TOuchcorp 领先的反欺诈、用户洞察、IT 服务等能力。Afterpay 在消费额度上实行"小额原则"，鼓励用户理性消费。同时，Afterpay 在用户消费前会基于用户绑定的银行卡信息进行验证或预授权检验用户的还款能力，叠加小额原则实现稳定坏账控制（2020 财年总损失占交易额比重仅为 0.9%）。

如图 5-2 所示，Afterpay 并非信用卡或借记卡的替代品，而是基于用户原有的银行卡为其提供一种支付的弹性，在消费和交款之间创造一个时间差，鼓励消费者控制自身消费支出，培养用户"先买后付"的消费理念。自 2008 年金融危机以来，人们对债务的厌恶程度升高，越来越多的澳大利亚年轻人开始选择使用诸如 Afterpay 的"先买后付"替代支付手段。

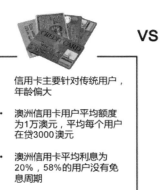

图 5-2　信用卡与 Afterpay 对比

Afterpay 的成功也促进了中国本土消费金融领域的创新，如图 5-3 中成立于 2020 年 3 月的西瓜买单，推出了对消费者 4 期免息 0 手续费的产品并于 2020 年 9 月获得 APVentures（Afterpay 投资公司）1360 万美元投资。

图 5-3　西瓜买单

（2）金融监管

监管是企业将自己看作监管者，然后考虑如何通过技术对一二级市场，以及非持牌机构的经营活动进行监管。现在，金融领域的监管其实比较滞后，有不错的发展前景，像消费金融等就需要全新的监管模式。所以，企业可以从中抓住机会，即针对监管机构研发 TO B 产品或服务，以提升其监管能力。

就现阶段而言，在金融监管方面还没有出现垄断性的巨头。因此，对于 TO B 企业来说，这方面很值得挖掘，如果 TO B 企业在这方面打造出了优质的产品，就会获得巨大的收益，影响力和知名度也会随之提升。

在金融领域，TO B 处于蓝海市场，红利并没有被瓜分干净，成功的机会还有很多。不过，在入局之前，TO B 企业必须先做好充分准备，如培养数据意识、梳理先发优势、进行市场验证等。未来，越来越多的 TO B 企业会出现，这些 TO B 企业将为金融领域构建全新的生态体系，也会掀起新一轮力度更大、波及范围更广的较量。

3. 由 "流量模式" 转为 "接口模式"

业内将 2019 年视为金融科技发展的界限，在此之前是上半场，在此之后便进入下半场。而之所以选择 2019 年，是因为在 2019 年前后金融科技的发展模式发生了改变。

在上半场，金融科技的发展模式为 "流量模式"，以 BATJ（百度、阿里巴巴、腾讯、京东）四大巨头为代表的头部阵营都是依靠自身体系内的庞大流量进行产品输出，这样的发展模式简单直接，在初始阶段十分有效，蚂蚁金服的余额宝、腾讯的零钱通等都是那个时代背景下的产物。

如今，金融科技已经逐渐进入下半场，流量虽然还是一个不可忽略的因素，但是由于整个市场环境（主要包括政策、需求、应用场景等方面）发生了非常大的变化，其发展模式开始转向 "接口模式。""接口" 的实质是将距离 C 端最近的应用层退至技术层，这属于一个 TO B 中间层业务，即虽然不直接抵达 C 端，但其向上游企业和大型复杂系统不断深入，最终联通 C 端和 B 端，进而将整个流程全部打通。

随着金融科技的不断升级，"接口" 逐渐变得应用范围更广、应用场景更多、客户体量更大，一些 TO B 企业也因此成为 "超级接口"。例如，蚂蚁金服将过去在 "流量模式" 下主推余额宝的战略转变为现在 "接口模式" 下的技术输出。在发展 "超级接口" 的过程中，有两个数据非常重要：一是平台的客户数量；二是大型项目的承接数量。

银行项目便是非常典型的大型项目，一个能中标银行项目的金融科技企业，可以被视为具备提供并完成金融创新方案的能力。而这种能力恰恰是银行解决需求、为客户提供优质体验所真正需要的，同时也是金融科技企业在竞争中拉开差距的关键。

通过提供并完成金融创新方案的能力，可以看出"接口"提供方对实际应用场景的认知及技术能力。所以银行项目也成了各家金融科技企业争夺的"高地"。在这方面，百度就显示出了很强的敏锐性和竞争力，在尚未将度小满拆分之前，就与中信集团联合成立了百信银行，这也是国内第一家互联网直销银行。

度小满在被拆分出来之后，又先后与南京银行和天津银行进行了合作，不断加强银行项目的建设。截至 2019 年，与度小满合作的银行已经超过 20 家，其中包括农业银行、光大银行、广发银行、温州银行等，涵盖了国有大行、股份制商业银行、互联网直销银行、地方银行等各个类型。

度小满 CEO 朱光表示，在金融领域，人工智能已经从实验室阶段进入规模化应用阶段。度小满运用业内领先的大数据及人工智能算法能力，搭建反欺诈和信用风险模型，多维度控制风险，可以覆盖金融机构的全业务流程。

在大环境的影响下，各家金融科技企业纷纷调整战略布局，开始重视 TO B 领域的发展。而在 TO B 领域这一新的赛道上，金融科技企业所比拼的能力也发生了改变，主要体现在 3 个方面，如图 5-4 所示。

图 5-4　TO B 领域比拼的 3 个方面的能力

（1）合作伙伴的数量和质量

在 TO B 领域，合作伙伴的数量、质量等因素已经成为金融科技企业最为重视的方面。高质量合作伙伴的积累很容易形成"羊群效应"，其他金融机构也会随之跟风，这可以使金融科技企业的发展越来越好。

（2）服务能力和态度

在进行 TO B 合作的过程中，金融科技企业的服务能力和态度都是非常重要的。因为 B 端的合作伙伴绝大部分都是金融机构，它们具有较大的体量和深厚的底蕴，在合作时也希望拥有一定的话语权，所以从事 TO B 的金融科技企业要有对外开放的态度和决心。

（3）技术能力及综合实力

技术能力是金融科技企业从事 TO B 的基础和命脉，只有具备强大的技术能力才能使自身拥有核心竞争力并构建起壁垒。而在培养强大技术能力的同时，金融科技企业还应该重视自身的综合实力，这有利于提升金融机构的合作信心。

金融科技已经为传统金融机构造好了小船，使其不必再摸着石头过河。从发展模式的角度看，金融领域正在形成新的 TO B 格局，这个格局可以将金融与科技更加紧密地联系在一起。

4. 路线："卖地" vs "收租" vs "送水"

现在，TO B 金融是很多科技巨头和金融巨头都非常重视的领域。随着发展的渐趋成熟，TO B 金融更是已经"孵化"出 3 条不同的分支路线，如图 5-5 所示。

图 5-5　TO B 金融的分支路线

（1）"卖地"

"卖地"是指金融科技企业将手中所掌握的资源和技术进行打包，以基础设施的形式一次性卖给企业，以此来获得收益。腾讯金融是最具代表性的"卖地商"，其凭借自身社交平台的优势，利用微粒贷、财付通、微信信用卡等产品将各个场景进行全面覆盖。在发展的过程中，腾讯将自己的用户资源、风控技术等打包向 B 端销售，之后的使用则是让 B 端自由发挥。

腾讯一直以来的发展策略都是平台化，社交是如此，金融也是如此。虽然拥有数量庞大的用户群，但腾讯还是选择了相对保守的方式进行发展，零钱通、微粒贷、微保等产品至今尚未完全开放，依旧固守着授信与筛选的"田亩"。

腾讯似乎从未展现过其资本的野心，甚至至今都还未拆分单独经营，而且腾讯也并没有过多地进入目前十分火热的线下消费分期市场。反观其他巨头，京东白条已经进入了租房、购车、教育的线下消费分期市场，百度有钱花也进入了教育、家装、租房、医美等领域，蚂蚁花呗的发展更为迅猛，其分期服务的线上线下商家数量早已扩展至 240 万家以上。

腾讯不进入线下消费分期市场更多地是考虑到外部环境和自身发展方向。过去几年里，教育、医美、租房等多个行业的分期消费市场竞争非常激烈，特别是那些持牌消费金融机构对该市场更是势在必得。

腾讯若想进入这一市场则势必要在其中投入大量的资源，却很难保证能够获得足够的收益，所以腾讯选择了较为稳妥的发展策略，尽可能地发

124

挥长处、避开短处，最大限度降低经营风险。腾讯首选的合作伙伴都是持牌金融机构，理财通上的产品也以基金、保险等为主。与阿里巴巴相比，腾讯在金融领域的布局确实比较保守和稳妥，这也符合它一贯的风格。

不过，腾讯保守的发展策略并没有影响它庞大的体量，天风证券曾推算腾讯的金融科技业务估值为 1200 亿美元至 1400 亿美元，与蚂蚁金服的估值相接近。腾讯财报显示，整个 2019 年，包含金融科技业务在内的"其他业务"为腾讯贡献了万亿级的收入，同比增长超过 70%，占腾讯收入总额的 25% 左右。金融科技业务是推动腾讯收入增长的强大动力。

（2）"收租"

"收租"是指金融科技企业不向 B 端输出完整的产品，而是设置好运营规则对企业的操作进行要求和限制，最终通过这种资源的持续供给获得收益。蚂蚁金服是最具代表性的"收租商"，其开放平台提供的是各项具体的服务，类似于租赁相关配套设施。

蚂蚁金服面向的 B 端可以分为商家和金融机构两类。商家在开放平台上获得支付能力、电子发票、营销能力等，金融机构则获得中间件开发、云资源运维、数据运营等能力。蚂蚁金服在与 B 端的合作过程中获得收益，这种业务的实质是既定规则下的"收租"行为。

蚂蚁金服首席战略官陈龙曾多次强调"势"的重要性，顺势而为也成了蚂蚁金服的主要发展策略，相互保、余额宝等便是在这一背景下应运而生的产品。蚂蚁金服现在的业务种类非常多，除在日常生活中被人们广泛应用的支付宝、余额宝、蚂蚁花呗以外，还有保险商城、芝麻信用、AA 收款、爱心捐赠、蚂蚁森林、蚂蚁庄园等业务，而这还仅仅是直接面向 C 端的业务。

在蚂蚁金服的开放平台上有数量众多的服务提供商，客户数量更是达到了将近 7 亿。如此庞大的资源使蚂蚁金服成了一个极为复杂的多边市场，这个多边市场中的各方会利用开放平台提供的基础环境进行自发的交流、匹配和交易。

在整个过程中，产品、技术、服务不断进行聚集和交互，多边市场也因此形成了自我扩大、自我加强的反馈机制，这就是多边协同的网络效应。该效应又会吸引和聚集更多产品、技术、服务的提供方和使用方，使规模更庞大、组织结构更复杂。而在与大数据、人工智能、云计算等技术结合后，又能对这些提供方和使用方进行筛选，达到"去粗取精"的效果，最终形成一种可以自我演化的协同网络生态。

（3）"送水"

"送水"是指金融科技企业将技术植入 B 端的业务中，其形态为金融科技企业和 B 端的高度融合，度小满金融是最具代表性的"送水工"。

在度小满金融的策略中，未来的发展被分为两个阶段：第一阶段，金融和技术的结合将会产生于全新的场景中，金融科技企业利用数据和技术帮助 B 端创新金融业务，这是从 0 到 1 的过程；第二阶段，金融科技企业将技术完全植入 B 端的金融业务中，完成与 B 端的高度融合，金融和技术的结合也将会无处不在，由 1 变为生活中触手可及。

度小满金融曾与中国农业银行签署了战略合作协议，双方宣布共建"智能银行"，将百度的人脸识别、OCR 识别等身份识别系统直接植入各项业务中，同时还在智能掌银、交易反欺诈、信用反欺诈、精准营销、信用分等项目进行研发合作。

自从度小满金融获得了基金销售业务资格以后，便开始迅速布局基金市场。目前，度小满金融已经与添富基金、招商基金、博时基金、景顺长城、广发基金等 10 多家基金企业签订了代销协议，利用百度的技术优势和大数据分析能力，通过量化策略对产品进行推荐，并结合客户教育，引导客户理性投资、长期投资。

形势的变化促使想要入局金融领域的 TO B 企业必须认真思考：如何利用技术解决金融领域的痛点？应该选择哪一条分支路线？未来还有哪些

极具价值且可以开发的方向，是信贷，还是资产管理和保险，或是供应链？将这些问题想清楚，TO B 企业才可以走得长远。

5. 信贷：基于大数据严格控制风险

信贷是社会中用有偿形式分配资金的重要工具，也是发展经济的有力杠杆。目前国内的信贷资金主要来源于银行、持牌企业、信托、资产证券化等。信贷是金融领域的重要组成部分，一直以来备受市场追捧，却极易产生风险。

信贷存在诸多潜在的违规行为，如流程不合规、利率高于国家规定、催收方式不当等，这些都使信贷风险不断提升，整个信贷行业随时可能被大范围整改。政府部门为了降低信贷风险所带来的问题，对信贷机构的业务资质进行了非常严格的管理。

互联网金融风险专项整治工作领导小组办公室、P2P 网贷风险专项整治工作领导小组办公室联合印发的《关于规范整顿"现金贷"业务的通知》明确提出，银业金融机构与第三方机构合作开展贷款业务的，不得将授信审查、风险控制等核心业务外包。

在明确部分互联网消费金融平台不具备放贷资质后，原本从事借贷业务的平台就必须和持牌金融机构进行合作。但目前，国内的信用体系建设相关法律制度尚不完善，数据孤岛问题依然十分严重，信用历史记录的共享和价值挖掘还有很大的提升空间。

对于金融领域，尤其是信贷来说，最为核心的要素就是风险控制，而目前国内传统的风控系统还具有比较明显的缺陷，如征信数据真实性等问题。要想使这一情况得到缓解，利用大数据防控信贷风险无疑是一条非常好的路。

与传统的信用信息获取方式相比，大数据征信可以充分借助互联网的力量，使信用信息获取的效率更高、成本更低、稳定性更强。更重要的是，信用信息的真实性和有效性也可以得到充分的保证，在范围上更是远远超过传统的信用信息获取方式。

利用大数据获取信用信息，摆脱了过去过度依赖征信机构而导致的模式单一问题，其将互联网的信息观察和信息获取模式包含在内，充分收集信用主体的消费习惯、偏好、浏览轨迹等，将信用主体的相关情况进行全方位、多角度的立体展现，从而实现了信用信息获取的实时性、动态性、共享性。

现阶段国内的大数据发展相对成熟，前瞻产业研究院发布的《2019 年中国大数据行业研究报告》显示，国内大数据市场规模保持稳定增长，大数据已经从概念落到实地，并在多个方面发挥作用，未来大数据将拥有更为广阔的应用空间。

在控制信贷风险方面，大数据的优势是十分明显的。根据数据来源，大数据控制信贷风险的方向可以分为两个，如图 5-6 所示。

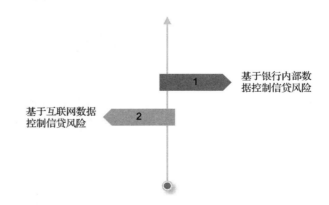

图 5-6　大数据控制信贷风险的两个方向

（1）基于银行内部数据控制信贷风险

随着银行客户结构的不断下沉，授信客户的数量变得越来越多，已经逐渐超过银行通过人工进行风险管理所能承载的范围。因此，利用银行内部积累的大量数据建立自动化风险管理系统将成为未来重要的发展方向。

但很多银行的 IT 系统相对落后，采用的技术和系统构架理念较为陈旧和落伍，这使其内部数据很难统一，部门与部门之间数据割裂。而且在应用过程中，大多是以打补丁的方式来弥补出现的漏洞，这种方式会严重降低 IT 系统的整体效率，而且还会带来非常高昂的维护成本。

要想解决这些问题，构建全新的 IT 系统的确是一条可行之路，但这种方式对银行来说不仅成本太高，还很可能会对其稳定性产生不可预测的影响。在这种情况下，金融科技企业可以利用自身技术上的优势，帮助银行进行大数据征信。

但一般来说，银行又不愿意将内部数据交到金融科技企业手中。针对这个问题，金融科技企业可以采用技术植入的方式与银行展开合作，对银行内部积累的大量数据进行挖掘与整合，从而形成一个风险预警、通知、处置和关闭的管理系统。

（2）基于互联网数据控制信贷风险

除利用银行内部数据以外，还可以将互联网数据作为拓展信息源，如互联网获取的网络舆情和监管、权威机构发布的信息等。在这个层面上，金融科技企业可以充分使用自身所掌握的资源和技术，所受的限制相对较小。

但互联网数据过于冗杂，还掺杂了很多无效数据，在使用效率上远低于银行内部数据。这就要求金融科技企业必须有足够的技术能力，可以利用大数据把互联网数据进行全方位的整合与关联，将不同的个体和客户群进行划分，有针对性地完成信用信息的分析和挖掘，从而有效地控制信贷风险。

作为一家金融科技企业，乐信敏锐地抓住了 B 端风险控制的机会。乐信 2019 年第三季度财报显示，在 2019 年第三季度中，乐信通过为各类金融机构服务获得的金融科技收入达到 19 亿元，上涨幅度超过 230%。目前，乐信已经与包括工商银行在内的数十家国有大型银行、保险企业、消费金融企业等签署战略合作协议。乐信的成功源于它强大的技术实力，它研发的"鹰眼"智能风控系统有超过 6000 个风控模型，每天可以处理 30 万笔订单，最快可以在 3 秒内获得反馈结果。

如今，纵观信贷行业中的企业，无论是乐信这样较为成熟的头部助贷企业还是创业企业，都在加速切换赛道，将业务重心向 B 端转移。在这种趋势下，未来将会有更多的企业在信贷领域布局 TO B 业务，这也将促进信贷业务的稳健发展。

在信贷领域，除了乐信这样拥有场景及获客能力的助贷科技企业，还有诸多没有场景但拥有较强的技术实力、通过合作 B 端金融机构打磨自身风控产品的第三方大数据公司。

2021 年 1 月，央行发布了《征信业务管理办法（征求意见稿）》（以下简称《办法》），对行业带来的震动至今未消。

《办法》发布后的一个多月里，业内密集召开了诸多研讨会进行讨论。央行规范个人征信行业有序发展的态度和方向获得普遍认可，但针对《办法》中的一些具体条款，则有许多不同意见。引起较多争议的主要有两点：一是若依此版本的《办法》，可能不利于市场的充分竞争，目前上千家第三方大数据公司将不得不转型甚至面临生存难题；二是即使《办法》落地，在执行层面恐也面临不少困难。

因此，金融科技 TO B 企业针对监管政策及市场变化的灵活应对和技术升级就显得尤为重要。好消息是金融科技领域技术的不断探索和创新，在例如隐私计算尤其是联邦学习领域的发展突飞猛进，大大推进了银行、消金等持牌金融机构与金融科技企业的合作空间和合作效率，在保证数据安全的同时，帮助金融机构提升风险和数据化运营能力。

将来的行业发展一定是在监管机构的指引下，向健康合规透明的方向
迈进，对此我们拭目以待。

6. 资产管理：固定的核心架构，前景广阔

资产管理在我国一直都是非常火热的行业，前瞻产业研究院发布的《中
国资产管理行业市场前瞻与投资战略规划分析报告》统计数据显示，截至
2018 年年末，中国资产管理行业总规模约 124.03 万亿元，而且未来两年内
还会以每年至少 1.5 万亿元的速度进行增长。同时，国家对于资产管理的
监管也在不断加强化。

2018 年 4 月，银保监会、证监会、外汇局联合发布《关于规范金融机构
资产管理业务的指导意见》，随后，央行发布《关于进一步明确规范金融机构
资产管理业务指导意见有关事项的通知》并进行说明，银保监会发布《商业银
行理财业务监督管理办法（征求意见稿）》并公开征求意见，证监会发布《证
券期货经营机构私募资产管理业务管理办法（征求意见稿）》《证券期货经营机
构私募资产管理计划运作管理规定（征求意见稿）》并公开征求意见。

虽然资产管理行业的前景十分广阔，但相关法律规定已经为它设定了
发展的核心框架，这使国内的各家商业银行感受到了从未有过的挑战与转
型压力。在这一情况下，越来越多的商业银行将金融科技视为适应资产管
理业务新发展的重要工具。

普益标准发布的题为《若不全新架构金融科技，银行资管转型只是空
谈》的研究报告指出，随着相关法律规定的落地，商业银行的资产管理业
务也迎来全方位挑战，涉及销售端、投资端、运营管理等诸多方面。

面对这样的现状，商业银行要想尽快实现新规下的快速转型，在从事

资产管理业务时就必须充分利用金融科技，对内提升效率与能力边界，对外提升客户使用体验与服务产能。金融科技对资产管理业务的利好表现在4个方面，如图 5-7 所示。

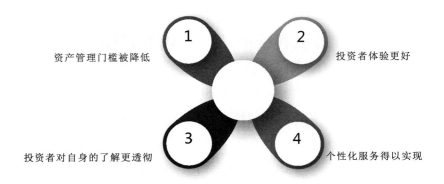

图 5-7　金融科技对资产管理业务利好的 4 个方面

（1）资产管理门槛被降低

金融科技降低了金融服务的运营成本和融资者的融资成本，并且开发出了全新的产品和服务，这使原有资产管理产品的门槛被降低，如货币基金。同时，随着技术的不断发展，新的低门槛投资产品和服务也不断推出，如通过余额宝，闲置的零钱也可以进行投资理财。这大大丰富了投资者的选择空间，使普惠金融成为可能。

（2）投资者体验更好

以互联网为背景的金融科技最大的优势就是效率和体验，24 小时不间断服务成了如今各大资产管理平台的标配，投资者所有的操作都可以在线上完成，不需要再像以往一样，必须在银行柜面进行办理。投资者还可以在线上查阅资金明细，通过详细的账单清晰地了解账户动态。

（3）投资者对自身的了解更透彻

国内传统的金融机构一般是通过问卷调查的方式分析投资者的风险承受能力，但这种方式却并一定可靠，因为很多时候投资者并不完全了解自己的风险承受能力。利用金融科技开发出的测评系统进行的评估则更准确，这可以使投资者对自身的了解更透彻，进而选择最适合自己的产品和服务。

（4）个性化服务得以实现

传统金融机构由于成本方面的压力，会将服务的重点对象放在高净值客群身上，对普通投资者难以提供完善的、个性化的服务。而金融科技则可以全面提供个性化服务，投资者可以根据自身实际情况，在线上资产管理平台自主选择产品，并根据自己的时间安排进行操作。

为了强化上述 4 个方面的利好，京东数科利用大数据分析、区块链、深度学习算法模型、NLP（自然语言处理）等技术，结合深刻的行业理解推出了业内首个一站式、全方位、智能化的资产管理科技系统——JT2 智管有方。

JT2 智管有方通过对智能挖掘、DaaS（数据即服务）、共识与加密服务、估值定价、智能风控、智能配置、交易设施七大中台服务进行组合，围绕资产管理机构的研究业务、投资交易、风险管理、投行业务、金融大数据板块提供按需定制的数字化解决方案，帮助资产管理机构在业务中实现数据应用智能化、开发运营工程化和投资技术创新化，从而提升业务规模，增加投资收益，打造差异化的竞争优势。

例如，JT2 智管有方的指数开发者平台是一种可以输出指数工程的前台应用，该平台可以通过数据的获取、指数的开发搭建、运营维护、交易指数的回测归因分析等关键环节的工程化，帮助资产管理机构提高构建指数策略的效率。量化分析员通过使用该平台，可以将数据挖掘和准备的工作时间比例由 40%～50% 降低到 20% 左右。

借助金融科技对资产管理业务的诸多利好，TO B 企业可以像京东数科这样，以各种资产管理机构为主要对象，推出可以提升效率、控制风险的产品与服务。目前，这方面的市场还有很大的开发空间，值得 TO B 企业进行深耕。

7. 保险："保险+健康"是发展方向

保险是金融领域内非常重要的行业，是我国"金融四大支柱"之一。从微观层面来讲，保险可以通过储蓄的方式为客户提供生存保障和稳定收益；从宏观层面来讲，作为经济助推器和社会稳定器，保险对促进经济与社会的协调发展有着重要作用。

对于想要将金融科技融入保险业的企业而言，在保险业中布局 TO B 业务是很好的选择，因为 TO B 业务往往只需要一次合作就可以为企业提供数百甚至上千的订单，这些订单中蕴含着大量的数据资源，可以帮助企业优化产品设计，形成良性循环。

招商信诺人寿保险有限公司发布的《互联网行业福利大起底调查报告》显示，员工的年龄越大、社会经验越多，对健康福利保障就越重视。这意味着，"保险+健康"是未来保险业极为重要的发展方向。

而在"保险+健康"这一发展方向上，美国人寿保险巨头 John Hancock 走在了世界的前列，其将健康管理服务加入健康险的做法对整个保险业造成了深刻影响。John Hancock 认真布局健康管理业务并且已经取得了初步成效，其推出的 Vitality 人寿保险计划的数据显示，全球 Vitality 保单持有人的寿命比其他受保人群长 13 至 21 年。

在智能手机大规模普及、智能汽车和智能家居逐步深入的情况下，智能保险成为一片新的蓝海。目前，Vitality 人寿保险计划已经展示出了很好的效果，在保险业中非常有借鉴意义。John Hancock 首席执行官 Brooks Tingle 表示，未来 John Hancock 会继续推行这一计划，并带动其他保险企业也加入进来。

在国内，"保险+健康"的发展空间非常巨大。中国保险行业协会的统计数据显示，2019 年前三季度，国内健康险保费收入达到了 5677 亿元，同比增长 31%，增速远高于人寿险、人身意外险、万能险等保险种类。中国保险行业协会预计，2020 年我国的健康险保费收入有望突破万亿元。

2018 年 3 月，国务院正式公布了银监会和保监会合并的机构改革方案，正式成立中国银行保险监督管理委员会，对国内的银行和保险进行统一管理；2018 年 4 月 8 日，中国银行保险监督管理委员会正式挂牌成立。

这意味着，未来的银行和保险将由央行负责审慎监管、银保监会负责行为监管，保险和银行的监管标准达到一致。这对保险业未来的稳定发展是一个非常大的利好，可以加强银行的风险控制能力并保证保险业的合规经营。

随着科技的不断发展，越来越多的保险企业开始走向互联网渠道，这主要是由于互联网保险所拥有的技术能够解决传统商业健康险存在的信息化水平较低的问题。豆包网就是一家从事在线保险服务的 TO B 企业，专注于为保险机构提供营销、运营管理和理赔等保险核心业务系统及一站式技术解决方案。

豆包网通过三大保险核心服务，科技赋能保险中介机构。

（1）保险 SaaS 系统-豆包数云

如图 5-8 所示，豆包数云是豆包网自主研发的保险中介核心业务系统，包括智能电子合同（中介端）、豆包管家（投保人端）、豆包罗盘（保司端）、健康优选师+福利优佳（医疗资源端）等系列智能化平台产品，可以为中介机构提供智能营销、智能客服、智能理赔、智能运营等整体解决方案。

保险SaaS系统-豆包数云·功能

图 5-8　保险 SaaS 系统-豆包数云

豆包数云以分布式计算和 AI 引擎技术为核心，围绕保险业务数据运营场景，针对机构和代理人、投保人不同用户对象推出企业级 SaaS 服务，包括 NLP 多语言保险条款智能分析、保险大数据画像、各机构业绩实时分析等，并提供寿险、健康险、财险一站式数字化解决方案。

截至 2020 年 12 月底，豆包数云各项用户经营数据同比均呈指数增长，整体服务保险机构数量已达到 1000 家，累计服务保费规模 200 亿元，服务投保人超过 1800 万人。

（2）线上出单平台-中介助手

2020 年，疫情暴发，保险代理人无法在线下开展业务，豆包网为传统经代渠道推出"保险中介助手"，如图 5-9 所示，助力线上转型，实现在线签单，提高代理人获客率和成单率。

线上出单平台-中介助手·功能

图 5-9　线上出单平台-中介助手

（3）代理人展业工具-智能保典

如图 5-10 所示，智能保典以面向代理人、经纪人，以营销、展业为服务目标，帮助保险机构在分层分类的基础上，提升代理人团队获客和服务的能力与精度。

除此之外，豆包网还通过两大数据增值、定制化服务，构建保险机构数据化体系。

代理人展业工具-智能保典·功能

图 5-10　代理人展业工具-智能保典

（1）数据增值

包括数据挖掘及定制化分析，前者针对中介代理人，深度分析客户社交行为，实现客户精准营销和客户转化，后者针对中介公司客户的个性化数据分析及客户分析，提供定制化服务工作，输出专业化个性报表，搭建专属商城模块，帮助中介公司实现内部高效管理及客户有效开拓。

（2）定制化

包括豆包天眼、豆包数云香港版，其中豆包天眼是互联网保险销售行为可视化回溯系统，是针对 2020 年中国银保监会出台的《关于规范互联网保险销售行为可回溯管理的通知》，可帮助保险机构实现用户投保全流程精准可视化还原。豆包数云香港版 EasyI 系列产品可以为新加坡、香港等保险代理人和保险机构提供智能数据服务，助力东南亚保险机构的数字化运营。

豆包网聚焦打造数字保险生态服务网络，将人工智能与保险行业上下游的业务场景深度结合，对投保、理赔、健康情况等完整的消费行为进行数据挖掘，通过 SaaS 系统赋能中介，对数据进行横向维度分析帮助保险中介更好地服务及理解用户。这是保险 TO B 领域的优秀案例。

蚂蚁金服更是通过"相互宝"等产品重新架构整个保险业。"相互宝"自上线以来，已经有超 1 亿人进行注册，由于"相互宝"的用户群十分庞大，在为危重病人进行赔付时，每名用户所分摊的费用不会超过 0.1 元。

"相互宝"的覆盖范围达到了 100 多种重大疾病，很好地填补了国内重大疾病医疗险的巨大缺口。截至 2019 年 4 月，"相互宝"的用户有近三分之一来自农村和县城，近六成来自三线城市及以下地区，这极大影响了国内的保险业格局。

用科技赋能保险业，无疑会在幸福感提升方面迎来更多的市场发展机会。另外，由于 B 端对保险服务的需求变得越来越大，再加上健康和医疗保障的重要性也在不断提升，因此对于 TO B 企业而言，"保险+健康"必然大有可为。

8. 供应链金融：对"规模上限"的思考

供应链金融是指将供应链上的所有企业视为一个整体，根据其中的行业特性和链条关系，为各企业提供有针对性的金融产品和服务。融资是供应链金融的主要目的之一，但并非全部，供应链金融最重要的特点是在供应链中寻找到核心企业，然后以此为出发点对整个供应链进行辐射，为所有企业提供金融支持。

随着经济全球化程度的不断加深，不同地区、国家、产业、企业之间的隔离逐步被打破，国际上主要的经济体和大企业在全球供应链中占据优势地位，成为全球供应链中的强大推动力，促进全球经济的进一步发展。

于是，为了增强全球供应链的稳定性和减少供应链整体的财务成本，供应链金融开始出现。供应链金融不仅能为企业提供低门槛、高效率的融资运营平台，帮助企业降低整体成本、创造新的收入增长点，还能为传统金融机构提供新的风险管理和流动性管理模式。

随着供应链金融的不断发展，物流、信息流、资金流相互融合，优势互补，供应链的整体效率得到了显著提升，融资模式也比之前更多样、更有效。供应链金融提供的融资模式主要分为应收类、预付类、存货类三大类。

应收类融资模式主要是为了解决供应链上游中小型企业的融资问题，即为核心企业的供应渠道进行融资；预付类融资模式主要是为了解决供应链下游中小型企业的融资问题，即为核心企业的销售渠道进行融资；存货类融资模式是指企业将存货作为质押对金融机构进行融资，然后以该存货及其所产生的营收作为第一还款来源。

世界上第一个将供应链金融发展起来的国家是美国，其目前也是各国供应链发展最重要的对标国家。美国的供应链金融发展共经历了三个阶段。

第一阶段是以银行为代表的金融机构为供应链中的企业提供金融支持，但金融机构很难扎根于产业中，所以对供应链上下游的把控力不强，该阶段的供应链金融发展并不完善；第二阶段是供应链中的核心企业开始登场，供应链金融的整体模式发生了根本上的变革，核心企业成了供应链金融的主要支撑，其利用自身的信用优势和业务信息优势，纷纷成立金融部门为中小型企业进行融资。例如，UPS（美国联合包裹运送服务公司）成立 UPS Capital（UPS 资本公司）、GE（美国通用电气公司）成立 GE Capital（通用电气资本公司）等；第三阶段是在进入 21 世纪后美国的供应链金融模式难以再向前发展，出于对资金和风险的考虑，核心企业逐渐收缩其金融业务，其发展遭遇天花板。

一些人认为，参照美国供应链金融的发展经验，我国的供应链金融发展也会很快进入停滞期。但根据中美两国的实际情况对比来看，在很长一段时间内我国的供应链金融发展还会保持高速增长，这主要有三个方面的原因。

一是目前美国经济环境中融资渠道相对完善，但我国中小型企业融资业务仍是主流金融机构尚未完全覆盖的领域，市场空间巨大；二是美国将供应链金融定义为主业的协同业务，仅是主业的加强者，但我国的供应链金融则被定义为传统主业转型的突破口，地位相对更高；三是目前美国的金融领域已经出现了主导者，而我国的金融市场仍处于开拓阶段，根据目前的趋势来看，普惠金融将会成为新常态，供应链金融也会有更多的发展机会。

京东数科作为国内供应链金融的最早布局者之一，推出了具有自主产权的供应链金融科技平台，该平台充分融入了实时计算、数据分析挖掘、机器学习、大数据等技术。基于人工智能的企业信息核实，京东数科实现了法人身份认证、签章、合同的全面数字化，同时还促进了企业数据的高保障和高可用性。

另外，借助区块链，京东数科的供应链金融科技平台可以整合服务内容并生成数字化方案，对农业生产养殖过程、养殖能力进行创新性的量化建模，实现生产养殖过程数字化，为涉农企业和农户制定有效的融资解决方案。

例如，京东数科旗下的京东快银主要提供一体化数字金融服务，而且覆盖了很多传统金融机构难以触达的小微企业。雄县广宇服装厂是一家做传统外贸服装生意的企业，对于传统银行来说，它没有抵押物；对于线上信贷机构来说，它也没有线上交易数据。

于是，在获得授权同意的前提下，京东快银通过纳税信息、工商信息、司法判决信息、知识产权信息、舆情等多维度信息，采用大数据分析、机器学习算法、智能舆情监控等核心技术，将多方数据互相补充、交叉验证，还原该服装厂经营状况、竞争能力、客户多样性、信用等方面的真实画像，为其提供了快捷的融资服务，解决了其资金周转困难的难题。

TO B 企业入局供应链金融之后，互联网相关技术和大数据风控手段都将真正发挥作用，融资平台实现电子化，融资模式较之前更稳固，运营管理趋于可视化，长尾市场也可以被完全覆盖。对于供应链上的所有企业来说，这些都是正向的变化，可以形成全新的优势，所以会自愿接受，如此一来，TO B 供应链金融的市场会不断扩大，未来值得期待。

第 6 章

零售：入局"TO B+零售"该如何发力

零售业是经济社会中最重要的行业之一，其每一次变革和进步都会提高人们的生活质量，改善人们的生活方式，并对经济社会产生非常深刻的影响。同时，零售业还是反映一个国家和地区经济运营状况的晴雨表，国民经济是否协调发展、社会与经济结构是否合理会在消费领域反映得尤其明显。

TO B 企业一定要对零售业给予足够的重视，尽力打造出完美的"TO B+零售"模式。要想在零售业布局 TO B 业务，TO B 企业就要了解零售业的现状及未来发展趋势，了解 TO B 业务在零售业应如何落地。

1. 零售的 TO B 热潮真的来了吗

零售业是向消费者直接销售产品和服务的行业。商务部监测数据显示，2019 年 9 月，国内 5000 家重点零售企业销售额同比增长 2.2%，增速较 2018 年 9 月有所加快；国家统计局官网发布的数据显示，2019 年上半年，国内社会消费品零售总额 19.5 万亿元，同比增长 8.4%。这些数据都表明了我国零售业市场的巨大潜力。

零售业主要分为 8 种形态，分别是百货店、便利店、超市、大型综合超市、仓储式会员式商店、专业店、专卖店和购物中心。以便利店为例，我国的便利店目前已经超过 10 万家，日系三大便利店 7-11、全家、罗森的门店数量均达到了 2000 家以上。便利店行业的融资事件超过 70 起，至少有 100 亿元资金涌入这一细分领域。

随着零售业在国内的迅猛发展及体量和规模的不断扩大，零售与技术的结合已经成为必然趋势，技术可以为传统零售业赋能，使其缩减成本、提高效率。传统零售业面临革新的情况给了创业者很多机会，但究竟是选择 TO C 模式还是 TO B 模式成为摆在创业者面前的重要抉择。

TO C 模式是指直接开设零售店，这样做的优势在于可以自主经营、直接面对消费者，但劣势也比较明显。第一，零售店要和市场上大量的传统零售店进行竞争，与这些传统零售店相比，新开门店缺少足够的市场资源，在竞争过程中很难占据优势地位；第二，我国的零售市场过于分散，这会对 TO C 模式的开展产生一定影响。

TO B 模式是指不直接开店，而是选择与市场中原有的零售店进行合作，这样做的优势在于可以开拓更大的市场空间，劣势在于要和阿里巴巴等由线上转向线下的零售巨头进行竞争。但创业者在和巨头竞争的过程中也会有机会，由于我国的零售市场过于分散，这些巨头很难"一手遮天"，很多细分领域都有非常广阔的发展空间。

近年来，大量零售业的 TO B 企业获得投资，融资总额已经超过百亿元。便利店品牌 Today 在"B+"轮融资中获得 3 亿元的融资金额，估值超过 30 亿元。Today 创始人宋迎春表示，本轮融资将围绕"单店极致"战略，全部投入武汉、长沙两座城市，不断刷新迭代。具体策略包括提升产品的研发能力、营运效率，继续加大对鲜食供应链的投入、重点发展新零售、自建零售云平台及引进更多业内顶尖人才等。

在零售业的 TO B 模式中，家居是一个重要且有发展潜力的赛道。当前，国内家居建材市场的总规模高达 4 万亿，未来还将持续扩张。人口从农村向城市转移是未来长久的趋势，这意味着家居市场在未来有巨大的提升空间。同时，新中产群体的消费力持续爆发，对全屋定制、智能化生活、品牌化服务的消费需求也日益提升，这为家居市场的发展提供了机会。

目前，阿里巴巴、腾讯等巨头纷纷在此赛道进行布局。2018 年年初，阿里巴巴以超过 54 亿元的资本入股居然之家。同年，腾讯也与红星美凯龙进行全方位的合作，布局"智慧零售"。

作为国内规模最大的两家家居连锁品牌，居然之家和红星美凯龙的销售规模都达到了百亿级别，门店增长速度也不断加快。总而言之，家居连锁品牌的发展，将使家居零售市场的集约化水平进一步提高，TO B 企业也可以从中挖掘更有价值的盈利点。

零售业的链条很长很复杂，从供应链到门店管理到品牌到系统，零售企业很难面面俱到。而技术可以赋能零售行业，人工智能、大数据等先进技术在零售业的应用，为 TO B 企业创造了在零售业发展的机会。

2. 新零售崛起，我们需要怎样的 SaaS

新零售是指运用大数据、人工智能等先进技术，对产品的生产、流通与销售过程进行升级改造，进而重塑业态结构与生态圈，并对线上服务、线下体验及现代物流进行深度融合的零售新模式。

新零售的概念是由马云率先提出的，他认为在未来，新零售将会取代电子商务，新零售是未来发展的新趋势。而后，国务院办公厅印发《关于推动实体零售创新转型的意见》(以下简称《意见》)，明确了推动我国实体零售创新转型的指导思想和基本原则。同时在调整商业结构、创新发展方式、促进跨界融合、优化发展环境、强化政策支持等方面做出了具体部署。

《意见》在促进线上线下融合的问题上强调：建立适应融合发展的标准规范、竞争规则，引导实体零售企业逐步提高信息化水平，将线下物流、服务、体验等优势与线上商流、资金流、信息流融合，拓展智能化、网络化的全渠道布局。

之所以电子商务会被颠覆、实体零售需要转型，是因为这两者都需要适应时代，跟上发展潮流。电子商务存在的问题有两个：第一，人对外界的感知来自视觉、听觉、味觉、嗅觉、触觉等多个方面，但在电商平台上，消费者只能依靠视觉感知产品和服务，影响了消费者的消费体验；第二，商家只能在线上和消费者进行交流，很难真正了解消费者，更不能和消费者建立起深层次的感情联系。

而实体零售存在的问题有四个：第一，产品的展示场地有限，消费者不能获得全部的产品信息；第二，销售成本高，这使商家所获得的利润减少；第三，销售范围非常有限，很多零售品牌很难形成规模化；第四，商家所拥有的信息和技术有限，很难在短时间内根据市场的实际情况制定有针对性的销售策略，一旦出现产品积压的情况，商家将会蒙受极大的损失。

新零售能够解决电子商务和实体零售的问题。新零售理念共有三大核心，如图 6-1 所示。

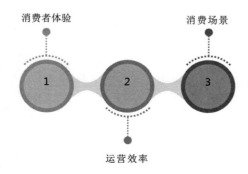

图 6-1　新零售理念的三大核心

（1）消费者体验

在购物过程中，消费者对产品的种类及产品的物流速度有很高的要求，新零售则完全可以覆盖大多数产品种类，而且能在最短时间内把产品送到消费者手中。同时，新零售多元、便捷的支付方式也可以很好地提升消费者的购物体验。

（2）运营效率

零售业曾出现过多次变革，而每一次变革主要都是为了提升运营效率。与之前的变革不同，新零售引入了人工智能、大数据等先进技术，利用这些技术来获取市场动态和消费习惯，在降低成本的同时提升了产品吸引力和运营效率。

（3）消费场景

在购物过程中，消费者的场景体验是非常重要的，这也是电子商务的最大瓶颈。新零售在这个方面很好地继承了实体零售的优势，并且进行了很大程度的创新，如无人售货商店、机器人送货等。

SaaS 意为软件即服务，SaaS 提供商可以为企业搭建信息化所需要的所有网络基础设施及软件、硬件运作平台，并负责所有前期的实施、后期的维护等一系列服务。SaaS 软件对于新零售来说非常重要。

首先，新零售需要 SaaS 软件为其供应链赋能。

对于新零售来说，供应链是极为重要的，供应链的优化可以提升零售店内部的经营效率并减少损耗，同时使品类选择更具数据化和科学性。在这一点上，7-11 便利店就做得很好。7-11 便利店的核心竞争力便是供应链管理的科学性、数据化和高效率，其对单品的分析与管理极为精细。

例如，7-11 便利店会分别对某款纯净水或茶饮料进行单独分析，而非简单地按饮料一概而论。正因如此，7-11 便利店可以把库存控制到最低限度而又不至于缺货，从而将利润提高到最大值，并且作为日本零售业的冠军，其单店的销售额远远高于其他便利店。

其次，新零售需要 SaaS 软件为其整合供货和销售渠道。

新零售的发展离不开渠道的助力，一条被打通并且运营状态良好的渠道可以使零售店在经营过程中事半功倍。电商企业与线下实体店进行竞争时，采用了线上线下多渠道的方式，获得了竞争优势，而如今，多渠道成为新常态，如何整合现有渠道，让每条渠道发挥更大的价值，才是新零售企业应该关注的重点。

传统零售转型升级到新零售是时代发展的趋势，转型过程中离不开产业链上各个环节的努力。在整个过程中，TO B 企业提供连接工具，如 SaaS 就可以起到先驱作用，是新零售趋势下必不可少的重要工具。

3. 个性化定制：按需设计、自主选择

美国心理学家亚伯拉罕·马斯洛在《人类激励理论》一文中提出了著名的马斯洛需求层次理论，该理论将人类需求像阶梯一样从低到高按层次分为五种，分别是生理需求、安全需求、社交需求、尊重需求和自我实现需求。

即一个人同时缺乏食物、安全、爱和尊重时，其对食物的需求是最强烈的，其他需求则显得不那么重要，而一旦人在生理需求方面获得了满足之后，便很可能会出现更高级的、社会化程度更高的需求。例如，安全需求、社交需求、尊重需求和自我实现需求。

同理，在零售业中，产品的实用性和性价比是消费者的最低层次需求，也是消费者最为优先的需求，一旦这些需求得到满足，消费者便会出现更高层次的需求，而个性化定制就能满足消费者更高层次的需求。

个性化定制让消费者拥有非常大的自主选择权。企业通过为消费者提供专属的产品，使消费者充分彰显个人品位。个性化定制的产品不但具备

经济价值，而且蕴含了消费者个人的审美情趣和独特爱好。

国际知名运动品牌 Nike 在很早之前就走上了个性化定制的道路。20 世纪 90 年代末，Nike 启动了消费者参与设计的服务，并将该服务命名为"Nike ID"。这项服务拥有独立的官网，消费者可以在该官网上对自己喜爱的球鞋、服装和运动配件进行个性化设计，通过选择多种颜色配色和材质，并加入个性化的符号，设计出一款专属于自己的产品。

著名饼干品牌奥利奥也曾推出过类似的个性化定制产品。奥利奥曾推出过一款音乐盒，当消费者将饼干放进音乐盒后，音乐盒就会播放歌曲，而且每吃一口饼干，音乐盒就会自动切换歌曲。另外，音乐盒还具有录音功能，消费者能够将声音录下来，对于那些希望传递祝福的消费者来说，这是一个非常温馨的功能。该产品的市场反响也非常热烈，原本准备的 2 万个奥利奥音乐盒在 12 小时内销售一空，第二批补货的 4000 个音乐盒在上架之后也被火速抢完。

现如今，个性鲜明的"90 后"逐渐成了消费主力。不同于"70 后"和"80 后"在选择产品时主要综合考虑价格、实用性和质量等因素，这些"90 后"更重视产品带给他们的感受。

同时，新零售时代下，各种新兴的购物环境日益成熟，这极大地刺激了消费者的购买欲。能够彰显个性和满足消费者心理需求的产品具备极大的优势，会对规模化和标准化的流水线产品造成非常大的市场冲击，个性化定制成为未来发展的大趋势。

但是，将个性化定制进行大规模商业化的难度也非常大，会对供应链造成极大的压力，这不仅会使产品的生产周期变长，还很可能会降低效率、增加成本。如何实现个性化定制的大规模商业化？TO B 企业需要借助以下两个方面。

（1）供应链网络

在整个生产过程中，TO B 企业必须依靠高度柔性的生产设备和高效的供应链网络，才能做到时间可控、成本可控的个性化定制。

统一集团旗下茶饮品牌"小茗同学"就曾推出过个性化定制活动，消费者在指定的页面上传照片，即可获得独一无二的表情瓶。该活动获得的反响非常热烈，几乎每个活动现场的私人定制摊位都人气爆棚。

"小茗同学"此次的个性化定制表情瓶是由阳光印网进行开发和制作的，作为国内出色的企业非核心事务智能采购平台，阳光印网开发出了一套成熟高效的解决方案，其供应商类型包括印刷厂、礼品厂、包装厂、数码喷印厂等，服务覆盖全国 300 多个城市，并能下沉至 1600 多个县镇。同时，其也会对供应商进行严格的把控，统一管理并输出统一的标准，严密管理交付日期与品质。

（2）大数据

除了出色的供应链网络，大数据对个性化定制大规模商业化而言也是非常重要的。TO B 企业通过对大数据的分析，可以提炼出消费者的消费偏好，从而实现精准化营销。同时，大数据也在促使生产模式进行转型，TO B 企业需要改变以往的模式，逐步向满足消费者的个性化内在需求和综合需求方面发展。

由此可见，在个性化定制方面，TO B 企业应该充分借助供应链网络和大数据的优势，重点解决传统交易过程中产品信息不对称的问题，使产品信息更加透明化与多样化。同时，TO B 企业还要帮助企业更好地了解消费者需求，从而有针对性地进行销售和生产。

4. 无人零售：RFID 技术+传感器识别

新零售正在逐渐崛起已是不争的事实，实体零售店如今也成为新零售中不可或缺的一个环节。但新零售并不是简单地回归到过去的实体零售，而是利用日臻完善的技术，为消费者提供新的购物体验。其中，无人零售便是非常重要的一个方面。

无人零售所追求的目标是"即看、即拿、即走"，能够让消费者更快速地完成购物。无人零售之所以可以做到如此便捷、高效，是因为"RFID（射频识别）技术+传感器识别"的支持，无人零售依托的主流技术有 3 种，如图 6-2 所示。

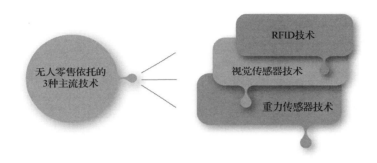

图 6-2　无人零售依托的 3 种主流技术

（1）RFID 技术

RFID 技术是指通过无线电讯号识别目标并读写相关数据，无须系统与特定目标之间建立机械或光学接触。在实际应用中，每一件产品都会被贴上一个电子标签，当消费者购买产品时，传感器会识别产品上的电子标签并进行结算。RFID 技术的缺陷在于，一旦电子标签被损坏，结算则不能正常进行，而且为每一件产品贴上电子标签也会耗费巨大的人工成本。

（2）视觉传感器技术

视觉传感器技术是通过传感器识别产品被拿走或放回的动作来进行结算。该技术不会耗费太大的人工成本，但缺陷在于，当消费者购物时，传感器反应速度较慢，甚至会出现识别错误的情况。而且该技术对产品的大小、摆放、高度及光照等环境条件都有着比较严格的限制，所支持的产品种类也十分有限。

（3）重力传感器技术

重力传感器技术即传感器能够感应货架上的重量变化，从而明确产品是否被拿走或放回。该技术对传感器的灵敏度要求最高，这使设备需要被频繁地校准、维护，同时，在处理重量相近的产品时，传感器很难进行正确识别。

在上述 3 种技术中，每一项技术目前都存在缺陷，单一一项技术很难满足无人零售的要求。在这种情况下，TO B 企业就需要根据实际情况自由组合，最终打磨出一个适合无人零售的 TO B 产品。

目前，无人零售领域已经涌入了很多企业，既有亚马逊、阿里巴巴这样的巨头，又有缤果盒子这样的创业企业。其中，较早在这一领域进行布局的就是亚马逊，它推出了 Amazon Go 无人商店。

Amazon Go 无人商店运用的都是目前热门的前沿技术，如机器视觉、传感器融合、生物识别等技术。消费者在购物时只需要一个亚马逊账号，并在手机上安装亚马逊应用软件，Amazon Go 无人商店就可以通过货架上的红外传感器、压力感应装置及荷载传感器统计购物信息。另外，消费者的购物信息会实时传输至 Amazon Go 无人商店的信息中枢，在这一过程中不会有任何延迟，消费者的购物也十分便捷。

阿里巴巴也推出了其无人零售店"淘咖啡"，"淘咖啡"集商品购物、餐饮于一体，可容纳 50 人以上。"淘咖啡"具有生物特征自主感知和学习系统，能够精准识别真人，同时，蚂蚁金服为"淘咖啡"提供物联网支付方案，为消费者提供优质的购物体验。消费者在进店购物前需要签署数据使用、隐私保护等方面的条款，同时签署支付宝代扣协议，之后消费者在购物及结算的过程中都不再需要手机，消费者在离店通过感应门时，结算也在此时完成。

作为创业企业的缤果盒子则与 Amazon Go 无人商店和"淘咖啡"不太一样，缤果盒子不能为消费者提供"即拿即走"的购物体验，其所采用的技术相对简单。缤果盒子主要采用了 RFID 无线射频识别技术、人脸识别技术等，产品都贴有电子标签，并且店内还安装了全视角视频监控，这样做避免了像 Amazon Go 无人商店那样需要进行复杂的图像识别过程，也可以起到节省人力的作用。

未来，像 Amazon Go 无人商店、"淘咖啡"、缤果盒子这样的无人零售案例会越来越多，对于 TO B 企业来说，这是绝佳的入局机会。由于无人零售的发展及相关技术的升级，零售业中的 TO B 市场将不断扩大，TO B 企业不妨多关注这一新方向。

5. 库存管理：盘点+信息追踪

无论是传统零售还是新零售，都离不开完善、有效的库存管理。不过，传统的库存管理模式很难适应新零售的发展，其主要有 3 个问题，如图 6-3 所示。

占用资金多　　货物管理分散　　人工成本高

图 6-3　传统的库存管理模式存在的 3 个问题

（1）占用资金多

在传统的库存管理模式中，上下游企业都会建立自己的仓库，独立控制库存。这样做的好处是可以集中管理内部产品，但通常会使上下游企业都投入巨额成本，很容易占用大量的流动资金，影响资金链的正常运转。

（2）货物管理分散

传统的库存管理模式对货物种类的管理非常分散，上下游企业无法进行货物信息的共享与追踪，查找货物和调度货物都非常麻烦。

（3）人工成本高

传统的库存管理模式主要靠的是人力，这既造成了效率低下，又会出现很多错误。在库存盘点的过程中，低效率往往会造成运作困难，大量的错误也会造成无法进行有效的信息追踪。同时，仓库需要很多人进行协同工作，这使企业要承受巨大的人工成本。

在销售旺季，很多零售企业容易遇到"销售困境"，即一些门店缺货，而另一些门店的库存却过多。缺货会严重影响消费者的购物体验，而库存积压会牢牢锁住零售企业的资金链，在这种情况下，"盘点+信息追踪"将会是未来库存管理的发展方向。

在这一方面，与阿里巴巴、京东、亚马逊等几十家国内外主流电商平台都建立了深度合作关系的 ERP 服务商富润科技依托智能化的富润系统提出了以下解决方案。

① 自动补货系统。富润系统中的自动补货系统可以实时查询每家门店各种产品的库存情况，同时汇总所有门店的销售数据，结合仓库库存数据，自动为各门店补货。

② 精准数据统计。富润系统可以对产品销售进行实时检测，可以统计过去一个月内每家门店的销售数据，为提前准备库存进行准确的数据预测。

③ 多维度仓库管理。富润系统可进行多维度仓库管理，主要包括组装切割单、库存综合报表等数十个维度的库存管理，以及产品分类管理、产品权限管理等多方面的产品管理。其在满足零售企业个性化操作的同时，能够根据产品的流动速度制订库存计划，使库存更为合理。

京东作为一个极度重视仓储的电商平台，也在产品与库存管理方面采用了独特的解决方案。京东是全球第一个投入使用全流程无人仓的企业，即上海嘉定"亚洲一号"三期无人仓，该无人仓负责华东地区每天超过 20 万单的产品的物流分拣与打包工作。

无人仓分为三个区域："入库+分拣+打包"区域、仓储区域、出库区域。在"入库+分拣+打包"区域，传送带和机器臂会对产品进行分类，将需要入库存储与出库打包的产品分拣出来，并将出库的产品进行打包。

仓储区域为一排排紧密排列的货柜。由机器人和机器臂完成产品的出入库工作，既保证了产品出入库的准确性和效率，又节省了仓储空间。

出库区域拥有大量的 AGV（物流行业的自动分拣运输机）机器人，小型 AGV 机器人负责将每个包裹按照订单地址投放到不同的转运包裹中，中型 AGV 机器人负责第二轮分拣和打包，大型 AGV 机器人则把要送往京东终端配送站点的大包裹送上传送带。而传送带可以从库房内延伸至库房外的运输车上。

京东物流首席规划师章根云从作业无人化、运营数字化和决策智能化三个层面对无人仓的建设标准进行了解读。在作业无人化方面，无人仓在单项核心指标、设备的稳定性、设备的分工协作等方面都能达到极致化的水平；在运营数字化方面，最能体现无人仓智慧化的不是它按照指令进行操作的能力，而是它自主决策及自我修复的能力。在运营过程中，系统除了采集面单、包装物、条码有关的数据信息，还要判断系统运行是否出现异常；在决策智能化方面，无人仓能够实现效率、体验的最优化。

新零售下的库存管理充满了时代特性，其发展是开放的、没有边界的，只有开放才可以实现共商，只有共商才可以产生共识。包括富润科技在内的 TO B 企业向零售业输出全新的库存管理模式，将使零售企业享受到前所未有的极致服务。

6. 渠道拓展：充分打通线上和线下

随着消费市场的不断拓展和消费行为的不断升级，单独依靠线上或线下中的一种模式已经无法满足现今零售业的发展。为了满足消费者多样化的需求，零售企业主动跨越线上和线下的边界，选择强强联合，充分打通线上和线下，全渠道融合的营销发展模式逐渐成为新零售的标配。

宝尊电商CTO（首席技术官）吴勇军曾表示明显感受到来自品牌上的困境，他回忆道："起初宝尊的业务一直在线上，也就是品牌电商。当我们在和品牌的交流中，我们有强烈的感受是，线上线下不应该是被区别对待的，线上成功并不代表品牌整体商业的成功，由此全渠道概念应运而生。"

对于如何实现全渠道，吴勇军认为有五大挑战，即线上线下会员体系的整合、产品信息的统一、库存信息的整合、订单管理统一、整合前端线上线下平台及后端系统的工具。宝尊电商以此为背景，推出了可以更好服务消费者的智能化O2O（线上到线下）工具"驻店宝"。"驻店宝"提供的功能包括线上购买门店取货、门店发货、门店退换货、门店下单等，在为线下门店导流的同时满足更多会员信息的获取，成为打通线上和线下的优秀解决方案。

随着新零售的发展，线上线下的融合也越来越广泛，零售企业需要融合线上与线下，多方位地获取数据，从而为企业发展提供更精准的数据支持。而要真正打通线上和线下，建立全渠道融合的营销发展模式，就离不开大数据的支持。大数据分析可以根据消费者的浏览记录、偏好习惯等，预测消费者的购买方向，这可以在线上为消费者推荐相应的产品，在线下帮助实体门店合理备货。

美国的一家零售企业通过大数据分析找到女性消费者购物的细微变化，以此来判断该女性消费者是否怀孕，如果真的怀孕，则视情况为其推荐相应的产品。通过这样的做法，该零售企业的销售额提升了30%，而且还使准妈妈了解到了怀孕的相关产品和知识，从而进一步提升了她们的购买体验。

新零售能够促进门店升级，这不是简单的线上与线下的组合，而是把互联网平台体系和门店 IT 体系打通，在线下消费场景共同服务消费者。

京东已经开始了向"零售+零售基础设施的服务商"转型，不断推进线上线下全渠道融合。京东认为，零售趋势是无界零售，即"场景无限、货物无边、人企无间"，零售的未来不是"帝国"，而是"盟国"，每个参与者将自己的那块或那几块"积木"定义清楚，并不断优化，最终不同的"积木"组合在一起，演化出无界零售的无限场景。

京东在和中石化达成战略合作协议后，京东 X 无人超市宿迁易捷店作为双方合作的首家无人超市，在 2018 年 4 月正式落地使用，这使消费者能享受到刷脸进店、智能推荐、优惠更新、自动结算等一系列购物新方式，体验京东无人科技带来的零售方式新变革。

中石化将利用京东提供的智慧供应链、大数据、无人科技等现今技术，实现零售网络的线上线下一体化升级，京东则将利用中石化 3 万多座加油站、2.5 万家易捷便利店的强大覆盖能力，进一步拓展线下全国零售版图，加快向"零售+零售基础设施的服务商"转型。

京东通过这些落地的门店，进一步让品牌方和零售企业融合共赢，利用大数据分析探明消费者的需求，既为门店提供了智能的品类及产品推荐，又助力品牌完成了线上平台的精准营销，全面为品牌商赋能，打通线上线下营销边界，加快推动无界零售时代的到来。

在新零售时代，渠道拓展已经成为很多零售企业的诉求，其希望借此来实现渠道的畅通化及消费场景的多样化。不过，在 B 端市场，针对渠道拓展的产品比较少，达到领先级别的更是凤毛麟角，TO B 企业入局越早越能够把握先机。

7. 物流：自动分拣、高速度配送

随着电商平台的崛起，物流业也出现了飞跃式的发展，阿里巴巴曾做过预测，物流业未来还有十倍的发展空间，目前国内每天的快递单量在 1 亿单左右，若阿里巴巴预测成真，这个数字将会变为 10 亿。对于零售业的发展来说，物流也是非常重要的一个环节，"自动分拣+高速度配送"将成为新零售的标配。

在技术不断发展的影响下，自动分拣已经逐渐成为物流业的主流发展方向，特别是对于新零售来说，自动分拣更是发挥着非常重要的作用，它可以直接影响到物流效率和服务质量。自动分拣有 3 个特点，如图 6-4 所示。

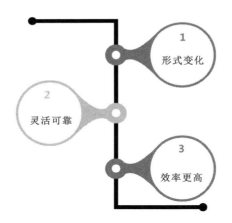

图 6-4　自动分拣的 3 个特点

（1）形式变化

传统的分拣主要依靠人力，不但成本高、效率低，而且经常会出现丢货、损货的情况。由于电商平台的迅猛发展，物流订单量也在不断猛增，传统的分拣方式已不再适用。如今的物流分拣中心逐渐开始采用自动化、智能化的分拣设备，这不仅可以节省大量人工成本，还可以高质高效地完成分拣工作。

（2）灵活可靠

目前物流业有多种自动分拣技术。例如，推块式、弹出式、斜托盘式、皮带式等，这些自动分拣技术都是为了满足分拣的灵活性和可靠性。灵活性是指既可以根据当前实际的业务需求进行自由调整，又可以适应未来的市场增长情况；可靠性是指分拣设备运行稳定，可以做到分拣准确率高、货损率低。

（3）效率更高

自动分拣设备可以和数据采集系统及智能分拣机器人相结合，这不仅有利于高效完成包裹称重、读码后的快速分拣及信息记录交互等工作，还有利于在短时间内快速处理大量订单，提升物流分拣的效率。

除了自动分拣，高速度配送更是作为提升消费者购物体验而存在的重要发展方向。阿里巴巴和京东都曾提出要将物流配送的时效提升至"分钟级"。对于分钟级配送，有两种理解方式：一是配送时间精确到了分钟单位上；二是在消费者下单后，平台通过大数据、人工智能、智慧供应链等技术手段，利用线下门店或前置仓资源，将产品在 30～120 分钟内交付到消费者手中。

分钟级配送突破了传统物流的速度上限，极大地提升了消费者的购物体验。目前，各大电商平台都在逐步推出分钟级配送服务。阿里巴巴旗下的盒马鲜生通过自建商圈门店，以"店仓合一"的模式，实现 3 千米内最快 30 分钟送达。京东旗下的新达达可以实现"京东到家"平台 90% 订单的 1 小时到家购物体验。

在推出分钟级配送服务的过程中，阿里巴巴所采取的方式是与各大传统零售巨头进行合作，搭建零售一体化的物流平台，然后通过菜鸟网络的智能物流系统，通过大数据、智能派单等技术来凝聚社会化物流力量，均衡不同运力，来实现即时配送。

阿里巴巴目前已经与苏宁、银泰、三江购物、联华超市、高鑫等零售企业达成战略合作，并通过零售通等系统实现了对屈臣氏、周黑鸭等实体零售巨头的接入，此外还通过天猫小店的众包模式进入社区店。

与阿里巴巴不同，京东主要采取的是建立仓储物流的方式来实现对消费者的贴近。京东物流已经正式独立运营，新成立的京东物流所服务的客户群体不仅包括往日的电商卖家，还包括一些社会化物流企业。

京东物流已经与达能中国饮料宣布正式签署战略合作协议，双方将在成都联合建设"共享仓库"。达能中国饮料将产品前置到京东品牌共享仓，实行同仓置货；京东物流将向达能中国饮料开放其覆盖全国的物流基础设施，并为其提供高效、优质的仓储物流服务。

同时，通过智能化库存管理系统，京东物流可以实现同仓内线上、线下的一盘货管理，从而达到将达能中国饮料配送中心覆盖的线下渠道和京东商城及京东新通路等线上销售平台的库存共享、统一供应。另外，京东物流还将运用智慧供应链、大数据预测等手段对共享仓库的产品进行销售预测、智能调拨，帮助达能中国饮料优化供应链，提升库存周转效率。

截至 2019 年 6 月，京东物流在全国运营超过 600 个大型仓库，总面积约为 1500 万平方米。京东发布的财报显示，2019 年春节期间，京东物流超越了诸多老牌物流企业，获得了春节档市场份额的冠军；截至 2019 年 9 月 30 日，京东物流外单业务持续快速扩张，已经服务了 20 多万家企业，外部收入占京东物流总收入的近 40%。

随着时代的不断发展，物流业将持续革新，各大物流企业应该一起蓄势发力，在无界、智能、可持续的道路上不断前行。在这一过程中，TO B 企业将是不可或缺的中坚力量，可以为物流企业提供高质量、自动化、智能化的产品和服务。

8. 智能化服务：真正实现"拟人化"沟通

目前，以无人商店为代表的新零售模式还没有真正在市场中站稳脚跟，很多零售企业和消费者还对其抱有怀疑态度。这主要是因为支撑新零售模式的技术还不是非常完善，在实际过程中，大部分只能做到在消费者自主操作的情况下完成交易，消费者在购物期间缺乏与产品的互动，使整个购物体验不够完整。

而要解决这一问题，零售企业就必须架构起完善的智能化服务场景，让消费者在实体门店内也可以感受到切实的服务。针对这一情况，科技企业优必选开发了智慧店长机器人克鲁泽，机器人克鲁泽不再像传统零售机器人一样只具备"工具性"，而是有效实现了"拟人化"沟通，其出色的智能定制化服务受到了韩国、德国、阿联酋等国家的热捧。图 6-5 所示为机器人克鲁泽。

图 6-5　机器人克鲁泽

机器人克鲁泽是优必选推出的 TO B 产品，集硬件、软件、云平台、PC端、手机端于一体，通过在营销、管理和体验三个层面的升级，让技术真正赋能新零售，帮助传统零售企业进行智能转型。机器人克鲁泽主要有 3

个特点：一是可以和各行业进行无缝对接；二是个性化定制；三是注重消费者反馈。

传统销售机器人只能为消费者提供简单的购物服务，而机器人克鲁泽则可以做到与"熟客"互动。机器人克鲁泽内置有人脸识别功能，其可以在消费者初次进入摄像区域后，采集相关数据，并存储在本地和云端。当该消费者后续光顾门店时，机器人克鲁泽可以通过准确率高达 99% 的精准的人脸识别功能将其识别出来，并根据消费者的喜好进行有针对性的产品推荐。

2019 年 1 月，优必选与居然之家在北京国家会议中心成功举办"雇佣两千机器人，打造智能新零售"上岗工作仪式，2150 台优必选机器人克鲁泽正式在居然之家百城千店上岗工作，这是人工智能机器人第一次大规模进入线下新零售，更是创造了第一批机器人大规模进入线下新零售的记录。

上岗仅 5 个月，机器人克鲁泽就在居然之家累计完成交互超过 4800 万次，最高单周交互达到 380 万次。高频次的交互为优必选带来了庞大的数据库，这为居然之家完成了出色的个性化导购、一键促销等解决方案。

2150 台优必选机器人克鲁泽在居然之家百城千店上岗工作，是人工智能机器人第一次大规模进入线下新零售，其历史意义是巨大的。虽然人工智能机器人还很幼小，但智能服务类的机器人进入人们的生活中已经不再是梦想。在居然之家和优必选的共同努力下，人工智能机器人第一次实现大规模的商业应用，走进居然之家百城千店，成为营业员，居然之家也将步入新征程。

除自动识别、产品销售以外，零售的智能化还应该贯穿供应链、市场营销、物流等各个场景，真正形成新的商业模式，提升传统零售业的运营效率及消费者的购物体验。零售智能化的 4 个应用场景如图 6-6 所示。

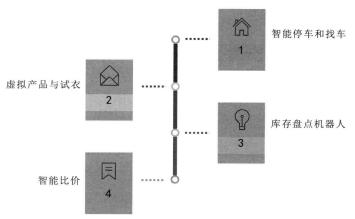

图 6-6　零售智能化的 4 个应用场景

（1）智能停车和找车

停车难、找车难是传统零售业中消费者需求的痛点之一，快速停车和找车能为消费者提供非常好的购物体验。目前，很多布局零售业的 TO B 企业都在致力于打造"智能停车和找车"，如阿里巴巴推出的喵街 App 中，智能停车及找车就是其中的模块之一，其已经应用于 9 个城市 40 多家购物中心。

（2）虚拟产品与试衣

Intel 的 adiVerse 技术可以通过先进的触控屏和高精准的 3D 渲染，让消费者在虚拟墙上从任何角度查看产品，进行旋转、放大，并以全新的方式与产品进行互动。Adidas 基于该技术开发了虚拟鞋墙，实现了鞋子的虚拟展示，通过 3D 和 VR 技术实现虚拟试穿、在线购物、快递送货。

另外，基于 VR 技术的"3D 试衣镜"也深受服装零售企业和消费者的喜爱。"3D 试衣镜"是在"人体测量建模系统"的支持下才得以顺利运行的，消费者只要在"试衣镜"面前停留 3～5 秒钟的时间，系统就可以建出一个人体 3D 模型，并获取到详细且精准的消费者身材数据，然后这些数据就会被同步到"云 3D 服装定制系统"中。这不仅可以为消费者提供虚拟试衣的服务，还可以极大缩短消费者与零售企业之间的距离。

（3）库存盘点机器人

《华尔街日报》盘点的最可能被机器人取代的十大工作中，仓库管理排名第一。德国企业 MetraLabs 推出和部署了带有 RFID 功能的机器人 Tory，其可以通过传感器进行导航，边走边读产品上附着的 RFID 标签，成功为德国服装零售企业降低了成本、提高了效率。

（4）智能比价

沃尔玛 App 中的比价工具 Savings Catcher 可以帮助消费者在实体门店购物时，用手机扫描产品进行比价、发现更低价、进行差价返还。这个比价工具让沃尔玛的客户活跃度由 400 万人猛增至 1400 万人，极大地提升了其线下竞争力。

目前，技术的优势已经充分显露出来，很多零售巨头开始运用技术提升自己的服务质量，并成为技术在新零售中的实践者。TO B 企业也可以通过技术研发出能够落地于新零售领域的 TO B 产品，实现产品和消费者之间的最优匹配，以及产能和社会需求之间的精准匹配。

9. 自助支付：指引方式必须多样化

支付是消费者购物的最后一个环节。在过去，支付更多是作为经济交易的附属业务而存在，但随着科技的不断发展，移动支付逐渐被公众所接受和使用，支付环节成为零售业务流程中交易双方最为关心的问题之一。同时，支付对消费者的购物体验有着非常重要的影响，如果支付过程非常不顺畅，那么消费者很可能会有强烈的不满情绪。

现在消费者的支付习惯已经出现了巨大转变，移动支付的发展非常迅猛，二维码由于部署成本较低，对 POS 终端产生了不小的冲击。而随着信用体系的逐步完善，消费者也不用再担心移动支付的风险问题，这为线上和线下的互通提供了非常重要的基础。

由于移动支付的不断发展，消费者可以选择的支付方式变得越来越多元，所以零售企业也必须提供多样化的支付方式。目前，市场上流行的零售自助支付终端，主要聚焦在无人或自助收银设备两个方面，从技术层面主要分为 4 类。

（1）自助收银机方案

这种方案的优势是在不改变卖场结构、产品品类及运营模式的前提下，对支付结算通道进行适当的改造就可以完成。京东数科依托自身的数字技术储备，围绕传统零售企业升级转型的困境，积极探索零售数字化解决方案，基于对自身零售行业的理解与对行业发展趋势的洞察，针对大型商超零售场景，推出了"自助收银"零售数字化管理及收银解决方案。

目前，自助收银已经落地包括绿地 G-Super 精品超市、七鲜超市、华冠超市、爱客多超市、衡水吉美超市等在内的数十个大型连锁商超品牌，覆盖全国近百个城市、千家门店。

如今，店内 1 名收银员可同时监控 3 到 4 台自助收银机，消费者排队时间减少 40%，平均结账速度提升 100%，极大缓解了门店高峰期排队痛点，在提升用户消费体验的同时，也降低了门店的人工投入成本，极大提高了收银效率。

（2）RFID+移动支付

这种模式目前在无人店和一些高端的服装店应用较多。这种模式最大的技术优势是在产品表面贴有电子标签，在 20～30 米的范围内都可以获得精准的识别。但是因为其包含了芯片和感应线圈的工艺，每个电子标签的售价大概为 0.4 元～0.6 元，比条形码、二维码贵很多。对于以薄利多销作为主要经营模式的零售企业来说，大部分单品的利润都很低，如果再增加 0.4 元～0.6 元，会大幅度压缩利润空间，所以 RFID+移动支付没有被大面积使用。

（3）Amazon Go

Amazon Go 基本上颠覆了传统零售的运营模式，其内部大量使用计算机视觉、深度学习及传感器的融合技术，彻底跳过传统收银的结账过程，实现了对消费者的识别追踪及产品的匹配。但技术上需要进一步的磨合，在批量商用上还有一段很长的路要走。

（4）阿里巴巴的尝试

近几年，阿里巴巴开始探索支付手段上的突破，"淘咖啡"就是其中的代表。"淘咖啡"的支付是由结算门来完成的，结算门一共分为两道，第一道是感应到消费者离开会进行启动，消费者进入这道门以后，系统会对其所购买的产品进行识别与运算，之后会有语音提示消费者此次的购物金额，在支付完成之后第二道门会自动打开，消费者就可以顺利离开。

这种模式混合运用了计算机视觉、传感器应用和生物识别技术，其识别的错误率大概只有 0.02%，产品误识别率只有 1%。但其在传感技术上还有一定缺陷，会出现难以识别产品的问题。

新零售背景下，零售企业要想获得更好的发展，自助支付方面就必须跟得上，这是避免让自己在"最后一个环节"卡壳的重要手段，同时也为 TO B 企业开拓新市场指引了方向。

第 7 章

互联网：从主业务入手打造 TO B 产品

目前，我国的互联网行业正处于消费互联网向产业互联网转型的重要时期，具体表现为由消费领域迈进生产领域、由虚拟经济转为实体经济，TO B 领域因此成为巨大蓝海。未来，互联网行业需要通过 TO B 业务创造新的价值，TO B 企业也需要借助互联网企业的技术进行发展，TO B 与互联网的结合已经成为大势所趋，TO B 也是互联网行业发展的主流方向。

1. TO B 与互联网结合的主要方式

TO B 在与互联网结合的过程中，主要是利用互联网所拥有的强大技术，对 TO B 企业进行赋能。TO B 与互联网结合的主要方式有 4 种，即物联网、大数据、云计算、人工智能，如图 7-1 所示。这 4 种主要方式虽然独立存在，但又可以被视为一个整体，在本质上有着非常紧密的联系，具有融合的特征和趋势。

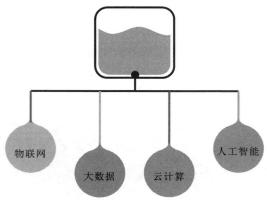

图 7-1　TO B 与互联网结合的 4 种主要方式

（1）物联网

物联网是在互联网的基础上发展而来的，没有互联网就没有物联网。物联网所涉及的领域非常广泛，包括运输和物流、工业制造、智能环境等，发展前景十分广阔。

前瞻产业研究院发布的《物联网行业应用领域市场需求与投资预测分析报告》统计数据显示，预计到 2020 年，我国物联网规模将超过 1.8 万亿元。随着 5G 时代的到来，将物联网作为核心战略的各巨头纷纷加速生态重构，在物联网市场爆发前抢占先机。

智能家居作为消费者最接近的场景之一，成了诸多企业进军物联网的首选。近年来，阿里巴巴、京东等互联网企业逐步在智能家居进行布局，小米、华为等明星企业纷纷在智能家居领域内寻求发展，海尔、格力等传统家电厂商也积极开拓智能家居市场。

（2）大数据

从事信息技术研究和分析的企业 Gartner 对大数据的定义：大数据是需要新处理模式才能具有更强的决策力、洞察发现力和流程优化能力来适应海量、高增长率和多样化的信息资产。麦肯锡全球研究所对大数据的定义：大数据是一种规模大到在获取、存储、管理、分析方面大大超出了传统数据库软件工具能力范围的数据集合，具有海量的数据规模、快速的数据流转、多样的数据类型和价值密度低四大特征。

这两种定义都说明了大数据可以超越以往所有类型的数据，需要新的处理模式和工具才能真正发挥其所蕴含的价值。大数据的基础在于庞大的数据量，价值在于对数据进行发掘和分析后，所得到的发展趋势和解决方案。

TO B 是大数据发展的主要业务领域，因为对于每一家企业来说，数据都是一笔非常巨大的财富，企业可以借助大数据分析消费者的行为和偏好，从而有针对性地进行产品推荐和广告投放。

同时，大数据也是产业互联网发展的核心推力之一。未来，产业互联网的发展空间非常巨大，但产业互联网的发展速度很大程度上取决于大数据在传统行业中的落地速度，一旦大数据落地完成，产业互联网也会在其支持下迅速发展。

（3）云计算

亚马逊是第一个将云计算服务进行商用的企业，经过十几年的发展，云计算已经成为 IT 业最主要的领域之一。云计算被普遍认为是在个人计算机和互联网变革之后的第三次 IT 浪潮，是科技化、信息化发展道路上的重要组成部分，其对传统的生产方式和商业模式造成了非常重大的影响，并引发了整个产业变革。

云计算的覆盖领域包括金融、交通、医疗、教育等，发展空间同样非常巨大。中国信息通信研究院发布的《云计算发展白皮书（2019 年）》显示，政务是云计算应用最为成熟的领域。在政务云市场，中国电信、中国联通等基础电信企业，浪潮、曙光、华为等 IT 企业，以及腾讯、阿里巴巴、京东等互联网企业均在重点发力。同时，工业云则是推动两化深度融合、发展工业互联网的关键抓手，在国家政策的指引下，全国各地方政府纷纷进行工业云发展规划，积极推进工业云的发展。

（4）人工智能

人工智能的渗透性很强，可以和经济、医疗、制造等诸多行业进行结合，形成"人工智能+X"的创新应用。目前，人工智能已经上升为国家战略，在 2018 年 3 月和 2019 年 3 月的政府工作报告中，均强调了要加快新兴产业发展，推动人工智能等研发应用，培育新一代信息技术等新兴产业集群壮大数字经济。

产业互联网的吸引力是巨大的，许多互联网企业在 B 端服务的内容上，也正在从人工智能系统、云计算等基础服务，逐渐向平台、应用等方向扩展。例如，在云计算中，微软更侧重 SaaS 层；在人工智能中，谷歌巨额投资无人驾驶。对于刚刚迈入 B 端赛道的 TO B 企业来说，这些都是亟待开发的市场，前景非常广阔。

2. "TO B+互联网"的投资机会有多大

在过去的几年里，TO B 领域的发展经历了"过山车"式的波折，科技与产业创新服务平台亿欧的统计数据显示，国内获得融资的 TO B 企业从 1141 家上升至 2016 年的 3442 家，再回落至 2018 年的 1765 家。在融资轮次上，从 2014 年 1 月到 2019 年 2 月，国内的 TO B 企业共获投 12909 次，IPO 前获投总占比达 72.20%。

亿欧统计的国内外在 TO B 市场上至今投资数前 50 名的投资机构中，只有 5 家投资数超过 100 个，占整体的 10%。可以看出，投资机构对 TO B 市场还存在一定的观望态度。表 7-1 所示为国内外在 TO B 市场上投资数前 10 名的投资机构。

表 7-1　国内外在 TO B 市场上投资数前 10 名的投资机构

机　　构	历史投资数（个）	成立时间（年）	所在地
IDG 资本	140	1992	北京
红杉中国	131	2005	北京
深创投	123	1999	深圳
达晨创投	112	2000	深圳
真格基金	109	2011	北京
经纬中国	90	2008	北京
东方富海	87	2006	深圳
Accel Partners	85	1984	美国
Y Combinator	85	2005	美国
腾讯产业共赢基金	84	2011	深圳

而对于未来 TO B 投资还有哪些机会，不同的人有不同的看法。阿里巴巴钉钉副总裁张斯成认为，随着数字化的逐步渗透，资源的存在形式发生了变化，针对资源的组织、运营、管理也会产生新的机会。例如，智能化的商机匹配可以帮助企业开拓新的业务，获得更多收入；智能化的客户服务能够帮助企业更好地维系客户；智能化的生产排班能够提高企业生产效率，等等，这些都是巨大的机会。

君联资本董事总经理葛新宇认为，工业互联网在和国内优势产业结合的垂直领域有很大的发展前景，TO B 企业可以在其中寻找机会。例如，TO B 企业可以以新能源汽车产业链、消费电子产业链相关的工业互联网为基础推出相应的配套设施。同时，工业互联网的投资机构会瞄准数据和算法层面，与数据和算法层面相关的，未来在国内会更有优势。另外，TO B 企业也可以关注一些从传统产业衍生出来的机会，这些企业或项目本身具备在整个产业中的一些经验。

在细分领域上，葛新宇认为，从方向来看，智能制造在未来五到十年会非常不错，是整个投资界难得的会全面开花的领域；从时间点来看，现在可能有些细分方向是好时机，有些方向可能还要过一段时间，这与每个投资机构自己在业内的研究、自己的认知和风格相关；从策略来看，投资机构会紧盯真正有核心价值的、偏高科技的、能驱动整个人类社会进步的方向。

虽然国内 TO B 市场的发展潜力很大，诸多巨头纷纷进行布局，但是在进行投资时也不能盲目乐观，因为目前国内的 TO B 发展还存在着一些亟待解决的问题。

首先是企业需要低成本的定制化服务，这要求 TO B 企业必须拥有很强的技术能力和服务能力，所以投资机构必须对 TO B 企业的资质有充分的了解；其次是 TO B 业务不一定会有效持续，国内中小型企业的平均寿命是 1.5 年，这意味着很多企业即便有续订的意愿也会流失掉，这要求投资机构对各个行业的发展延续性也要有深刻了解。

从国内经济的整体发展来看，有两个是比较好的 TO B 投资领域：一是以教育、医疗为代表的民生刚需领域，这类领域受宏观经济波动影响较小，具有不低于 GDP 一定比例的确定性财政支出，各级政府也都着重推动这类领域的发展，但应时刻留意政策动向，坚持与国家发展战略相一致，为社会创造更大价值。

其次是以金融为代表的处于转型拐点的领域，近几年，这类领域面临巨大的转型压力，急需通过技术赋能来进行升级或重构。同时，国内金融市场中出现了与资产管理、科创板等相关的众多新政策，这一系列新政策增加了金融机构 IT 建设的需求。

想做 TO B，不能在沙滩上捡贝壳，而是应该在深海里取珍珠，因为 TO B 产品和服务很难打磨，需要 TO B 企业建立技术壁垒和综合管理体系。TO B 领域的创业不仅需要耐心，还需要坚持不懈的毅力。尽管如此，TO B 在投融资层面依然有显著的优势，只要挖掘出合适的切入点，TO B 企业就可以更好地发展。

3．程序开发：更加迅速、简洁、易上手

程序开发的重点要从解决方案的角度去思考，一定要能为企业解决运营过程中所遇到的问题。同时，整个过程和最终产品还要尽可能迅速、简洁、易上手，这一点对于很多中小微企业来说尤其重要，因为其运作循环周期普遍较短，更希望在最短的时间内看到 TO B 产品所带来的价值。

企业在引入 TO B 产品之后通常会遇到以下问题：第一，操作流程复杂、界面较多，很难在短时间内正确高效使用；第二，灵活度不高，若在非工作时间出现特殊情况，很难进行及时的调整和处理。所以 TO B 企业在为企业提供服务时，一定要尽可能简洁、有效，保证在最短的时间内为企业创造价值。

盲道是日常生活中较为常见的设计之一，其作用是为了引导视障人士放心前行或提示前方有转弯或障碍，但一些不合理的盲道设计反而给视障人士带来了困扰，如图 7-2 所示。同样地，如果 TO B 产品的操作难度过高，超出企业的接受范围，那么使用 TO B 产品不仅起不到任何作用，还会给企业带来负面影响。

图 7-2　不合理的盲道设计

人力资源服务本身是一个非常具有市场潜力的领域，人社部发布的《人

力资源服务业发展行动计划》提到，到 2020 年，人力资源服务产业规模达到 2 万亿元。未来，人力资源服务将成为我国经济的重要增长点之一。

同时，《人力资源服务业发展行动计划》中还表明了以下要求：推动人力资源服务和互联网的深度融合，积极运用大数据、云计算、移动互联网、人工智能等新技术，促进人力资源服务业创新、融合发展，并构建人力资源信息库，实现数据互联互通，信息共享；鼓励人力资源服务企业与互联网企业开展技术合作，支持互联网企业跨界兼营人资服务业务。

但一直以来，中小微企业由于体量小、付费意愿低，总是被传统人力资源服务巨头所忽视，最终导致其无法享受到良好的人力资源服务。但由于人力成本的快速上升，中小微企业也产生了提升人员效能、降低人力资源成本的迫切需求。而在这种情况下，仍然很少有可以为中小微企业提供优质人力资源服务的 TO B 企业。

人力窝是一家提供人力资源云平台服务的 TO B 企业，主要服务对象就是不被传统人力资源服务巨头所重视的中小微企业。2018 年 12 月，人力窝和钉钉正式合作成立"人力家"，并对外发布了"智能社保"和"智能薪酬"两款 TO B 产品，致力于为中小微企业带来"普惠人力"，使其能够享受到优质的人力资源服务。

人力窝有着这样的愿景和使命：希望通过打造真正安全的人力资源信息数据服务平台，凭借人力资源信息数据服务，为社会、企业、个人创造价值，成为中小微企业乃至个人的首席人力官。人力窝在 TO B 程序开发的过程中秉承迅速、简洁、易上手的原则，其不断与企业进行交流和沟通，力求为企业提供最优质的服务。仅"薪酬报表"一项功能，人力窝的团队就进行了 138 次设计、67 次迭代、6 次改版。

2018 年是国内个税改革非常重要的一年，多项政策被不断推出，到了 2019 年，各项自然人个税抵扣项细则也开始逐步落地。在此情况下，与社保、个人所得税密不可分的人力资源服务成为热门领域，相关 TO B 产品和服务的开发也成为诸多 TO B 企业角逐的高地。

　　腾讯云团队为了进一步提升企业的运营效率已经开始打造 TO B 服务"移动化"，以"公众号+小程序"模式为基础，将越来越多的 TO B 服务融入智能手机中。公众号具备诸如信息展示、消息推送等服务能力，小程序具备功能使用、账户资源管理等服务能力，这两者的结合可以满足腾讯云的移动化需求。

　　在使用体验上，腾讯云团队进行了很多人性化设计，如在服务器列表上显示最常用的应用，而不是将所有应用都罗列出来；可以根据性别等特征，为个人中心提供虚拟头像选择，使视觉体验更好，而不是单纯地显示账号名称。

　　TO B 产品和服务面向的是企业或政府部门，主要目的是解决工作上的问题，属于任务驱动型，所以在对其进行开发时，效率是最重要的指标。何谓效率？从企业和政府部门的角度看，就是可以在最短的时间内，用最便捷的方法享受到 TO B 产品和服务，这也是各大 TO B 企业所应该追求的终极目标。

4. 产品测试：第一时间找出并消灭漏洞

　　对于互联网企业来说，产品测试是一项非常重要的工作，因为在开发过程中，产品总会不可避免地出现一些漏洞而影响后期投入使用，甚至还可能造成严重后果。对于 TO B 企业来说，通过产品测试来发现漏洞是十分重要的，因为 TO B 产品面向的客户群体是企业，在服务过程中容错率较低，如果投入使用之后才发现问题，将会给双方都带来巨大的损失。

　　例如，某电商平台出现重大漏洞，100 元无门槛代金券可以被无限制领取，很多消费者迅速抓住这一漏洞，使该电商平台遭受了巨大的经济损失。而且由于此次漏洞很难处理，技术人员用了 8 个小时才完成修复。

但是，一些 TO B 企业通常不重视产品测试，甚至不进行产品测试，直接将产品交付给企业，让企业自己发现问题。这会导致产品被多次退回，TO B 企业不断调整和修改，最终影响交付的时间和进展。TO B 企业不重视产品测试主要有以下两个原因。

（1）规模较小

一些 TO B 企业规模较小，没有预算来聘请足够的测试人员，还有一些 TO B 企业甚至并没有配备测试人员，而是由其他职位的员工来兼任，这使产品测试通常不能达到应有的效果。如果 TO B 企业承接的订单较多，没有足够的测试人员对产品进行测试，在开发结束后就匆匆交付给企业，那就会导致后期投入使用时出现诸多问题。

（2）理念问题

一些 TO B 企业的理念是重开发、轻测试，这种理念使这些 TO B 企业在招聘员工时也不重视测试人员的数量和质量。同时，测试人员既不必为产品问题负太多责任，又不具备太多的话语权，这使产品测试工作形同虚设。

除了一些 TO B 企业不重视产品测试，使用产品的企业也对产品测试存在误解，认为产品测试是在产品开发完成之后进行的，是一项给成品找漏洞的工作，所以总是催促 TO B 企业尽快完成产品开发。

这种误解的产生是因为企业将产品开发和产品测试看成完全分离的两个阶段，而且也确实存在这样的实践方式。但这并不是一种好的方式，因为这种方式推迟了发现漏洞的时间，而发现漏洞的时间越晚，企业所遭受的损失也就越大。

在产品开发的过程中，一些漏洞很可能是在架构底层出现的，如果在开发早期就可以发现，则定位相对容易，而且修复时所需付出的代价也相对较小，而如果直到产品开发结束才发现，则很可能需要从头再来，这时所耗费的时间成本和人力成本都是巨大的。

还有些 TO B 企业只重视功能性测试，认为只对产品的功能进行测试就可以。但实际上，除功能性测试以外，产品还需要很多方面的测试，如安全方面的测试、性能方面的测试、兼容性的测试等，这些需要被测试的方面都对产品的整体质量有着非常大的影响。

所以 TO B 企业必须有专业的测试人员，全方位地对产品进行测试，第一时间找出并消灭漏洞。在这一过程中，TO B 企业要做到以下三点。

第一，熟悉所做的项目及其相关业务，这有利于在产品开发初期就迅速找到漏洞；第二，在不影响整体使用的情况下，将产品分成独立的小部分，开发和测试人员及时进行沟通，对每一个部分进行排查，提早发现漏洞，这样就可以把因修复漏洞而耗费的人力和时间成本降到最小；第三，记住以往出现过的漏洞，很多产品出现的漏洞都有相同之处，借助过去的经验，TO B 企业可以尽早找出并消灭漏洞。

有些 TO B 企业认为，产品测试需要百分百按照逻辑进行，而且是可计划和预测的。但其实只有真正实施产品测试计划，在通过和失败、正确和错误的反馈中不断总结，才可以使产品越来越接近上线之后的真实状态，获得企业的青睐和认可。

5.　新媒体宣传：策划+文案+内容+美工

TO B 产品缺乏大众和媒体的关注度，导致其推广较难，所以 TO B 企业必须采用多元、立体的宣传方式。过去，广播、电视、报纸等传统媒介是宣传的主要渠道。但随着互联网的兴起，以及智能手机的普及，传统媒介的影响力被严重分流，新媒体逐渐发展，成为关注的焦点。

对于 TO B 企业来说，用好新媒体可以使宣传达到事半功倍的效果。新媒体宣传主要包含 4 个方面，如图 7-3 所示。

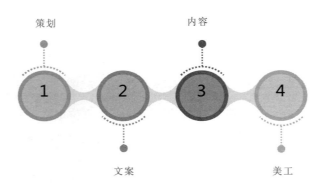

图 7-3　新媒体宣传的 4 个方面

（1）策划

首先，TO B 企业进行新媒体宣传策划时要明确市场方向。通常情况下，相对成熟的市场打入难度较高，因为原有的品牌已经占据了固定的份额，剩余空间比较小，不容易获得丰厚盈利。所以 TO B 企业应该尽可能走市场差异化路线，与其和行业巨头争夺份额，不如自己开拓一片生存空地，而且这也有利于在未来获得较大的发挥空间。

其次，TO B 企业要遵循市场的发展规律。任何产品都有一定的生命周期，TO B 企业要对产品的生命周期有充分了解。同时，要对市场中同类竞品、消费水平进行调研考察，然后结合自身的运作能力进行评估，找到适合产品且符合市场发展规律的策划方案。

最后，TO B 企业要选择合适的时间进行大范围密集传播，用以加速形成大规模的宣传效应，从而让市场中的企业对产品有一个印象深刻的初步认知，进而成功打入市场。

（2）文案

文案是新媒体宣传的集中表现，出色的文案可以很大程度提高企业对产品的兴趣。首先，TO B 企业要通过精简的文案准确地描述出产品的优势与特点，并表现出产品的差异性。

其次，TO B 企业要捕捉企业的需求。例如，某 TO B 产品面向的企业亟须提升运营效率、增加产出，那么文案就必须充分展示这两个方面。一旦出现需求错配的情况，整个宣传就会事倍功半，而且在捕捉企业的需求时，还要记得突出重点，过长且无重点的文案很难使企业产生购买的欲望。

（3）内容

与 C 端客户消费相对感性不同，B 端企业会对 TO B 产品和 TO B 企业都进行全方位的评估，并结合自身实际情况进行选择。所以对于 TO B 企业来说，宣传的内容尤为关键。

首先，TO B 企业要明确自己的产品可以为企业提供什么样的解决方案、能够为企业做哪些事情。企业购买 TO B 产品的第一目的就是解决运营和发展过程中遇到的问题，而且 TO B 产品的效果也会直接影响企业未来是否继续使用。

其次，TO B 企业要向企业传递自身的价值观和愿景。一般而言，一家成熟的 TO B 企业拥有完善的文化体系，价值观和愿景则是文化体系的集中表现。例如，腾讯的愿景是"最受尊敬的互联网企业"；小米的愿景是"让每个人都能享受科技的乐趣"。每一个企业都希望和成熟、上进、看上去就非常有序的 TO B 企业进行合作，而价值观和愿景则是这些特质的最佳体现。

（4）美工

在新媒体宣传中，美工也是不可或缺的一个部分。出色的美工设计可以使整个宣传方案更生动、立体，为企业带来视觉上的享受和愉悦，让企业对产品过目不忘。美工设计决定了企业对 TO B 企业的第一印象。

与 TO C 企业相比，TO B 企业的宣传方式确实比较少，但 TO B 企业要把自己变得更大、更强，让产品被更多企业接受，就必须做好宣传。在宣传方面，TO B 企业从现在比较主流的新媒体着手是不错的策略。

6. 运营维护：SEO 优化

对于 TO B 企业而言，网站的运营维护同样非常重要，情况良好的网站可以提升 TO B 企业的知名度和影响力，也可以从侧面反映出 TO B 企业的实力。而想要加强网站的运营维护，最重要的就是进行 SEO 优化。

SEO 优化意为搜索引擎优化，是指根据搜索引擎的规则对网站的关键词、内容等方面进行优化，从而达到提升网站在搜索引擎中自然排名的目的。虽然目前已经有了微博、微信等诸多引流的端口，但大多数企业的大多数流量都来自百度、360 等搜索引擎。所以 SEO 优化对于想要在互联网上获取流量的企业来说非常重要。而且 SEO 优化比广告和竞价排名的成本要小得多，也更能说明企业的服务品质。

SEO 优化最好选择具备丰富经验的人员或是专业的第三方来做，因为虽然 SEO 优化的常规方法很容易查到，但是不同的组合和策略都会导致效果的巨大差异。SEO 优化看似较为简单，但所涵盖的范围很大，尤其对搜索引擎的算法必须有充分了解。

SEO 优化有 4 个步骤，如图 7-4 所示。

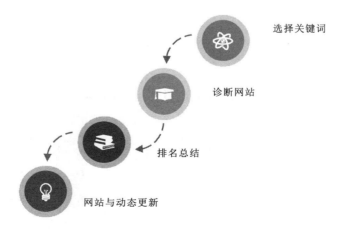

选择关键词

诊断网站

排名总结

网站与动态更新

图 7-4　SEO 优化的 4 个步骤

（1）选择关键词

SEO 优化的第一个步骤就是要找对关键词。关键词在搜索引擎的排名中处于非常重要的地位，因为打开搜索引擎时所能输入的文字有限，最好的办法就是通过关键词进行检索。需要注意的是，关键词并不是由网站来决定的，而是由 TO B 企业决定的，所以 TO B 企业在进行 SEO 优化时，一定要进行充分的调研，了解 TO B 企业在使用搜索引擎时最常输入什么关键词。另外，TO B 企业也不要堆砌关键词，这样不仅浪费资源，还很有可能会和搜索引擎的算法相冲突，从而降低网站的排名。

（2）诊断网站

在通过调研获得关键词之后，TO B 企业就需要对网站进行全方位的诊断，确保网站可以在搜索引擎中的排名相对靠前。诊断网站的基础是对搜索引擎的算法有足够深入的认知，这就要求 TO B 企业必须时刻关注算法的变化。一旦算法发生改变要迅速进行调整。

（3）排名总结

衡量 SEO 优化是否成功的第一指标就是网站在搜索引擎上的排名情况，所以 TO B 企业务必要统计一定时间内网站的排名情况，并将其写成报告进行留存，然后根据这段时间内的排名情况制定之后的策略。

（4）网站与动态更新

一般情况下，在 SEO 优化初期，关键词的选择会使网站在搜索引擎上的排名比较靠前，但后续的提升空间往往与预期产生差距。这是因为 SEO 优化不是一个短期行为，而是一个长期的维护过程，在这一过程中，需要 TO B 企业不断结合搜索引擎的算法，对网站及其动态进行实时更新，以确保排名不会下降。

TO B 企业在进行网站内容更新时，可以从以下 4 个方面来考虑。

① 企业新闻模块。TO B 企业可以更新企业对外开放的协作及举行推广会的通告、新产品发布会、企业文化主题活动、招聘信息等各领域的内

179

容，企业新闻能够展示企业的动态，有利于企业的宣传。

② 行业资讯模块。TO B 企业可以更新一些行业现行的政策法规、行业大事件及行业未来的发展前景分析等内容。这些内容能够展示行业动态及企业的业务。

③ 编辑原创文章。TO B 企业可以围绕网站关键字，编辑一些原创文章，如技术性的干货分享、问题解答等，这能够在一定程度上提高网站的排名，为网站吸引更多的流量。

④ 及时更新企业动态。如果 TO B 企业的一些信息发生变动，业务、产品等方面有升级和更新，需要及时将更新信息发布在网站中，避免为客户带来困扰。

另外网站更新的内容一定要有大部分的内容为原创，这样才能确保网站内容的丰富性、独创性，才能提升网站的浏览量，提升品牌的曝光率，提升企业的经济效益。

7. Atlassian：一家特立独行的 TO B 企业

有一家 TO B 企业，没有一个销售人员，仅通过口碑就吸引了大量的关注，目前市值已超过 400 亿美元，这家 TO B 企业就是 Atlassian。Atlassian 主要为企业提供协同办公产品，从建立至今已经取得了诸多亮眼成绩，例如连续 11 年盈利等。

Atlassian 可以发展成为一家优秀的 TO B 企业，与其文化建设、产品策略和销售模式有着密不可分的关系，发展战略如图 7-5 所示。

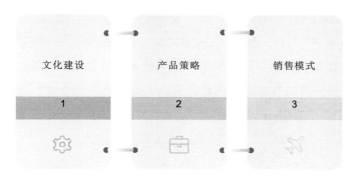

图 7-5　Atlassian 的发展战略

（1）文化建设

Atlassian 坚持以客户为中心，这也是其能以高溢价上市的重要原因之一。创立初期，该公司的员工基本上都是两位创始人的大学同学，他们在爱好、兴趣、价值观、社交圈等方面有着高度的相似性。就是这样的一批员工，从文化上为 Atlassian 指引了未来发展的方向。

（2）产品策略

Atlassian 主要有 5 款产品，不同的产品面向不同的市场。这 5 款产品分别是 JIRA（项目管理软件）、Confluence（企业知识管理与协同软件）、Bit Bucket（代码库）、Hip Chat（内部聊天/协作软件）、JIRA Service Desk（服务台软件）。

现在，Atlassian 的产品已经覆盖到多个领域，包括软件开发、IT、人力资源、营销、金融、法律等。借助 Atlassian 的产品，这些领域的企业可以通过协作的方式更好地完成工作。

发展至今，Atlassian 凭借优秀的产品获得了极强的用户黏性。这种黏性来自 Atlassian 对客户业务流程的深刻理解，可以充分满足客户对降本提效的需求。

也正因如此，Atlassian 的产品才可以受到很多客户的支持。例如，美国航空航天局借助 Atlassian 设计火星探测器、Runkeeper（一个专门开发健身应用的企业）借助 Atlassian 设计健身应用，同时，宝马、花旗等都是 Atlassian 的客户。另外，Atlassian 还采取了并购策略，以便获得更好的发展，扩展 TO B 业务的范围。例如，Atlassian 收购了任务管理工具 Trello。Trello 的应用场景包括家庭旅游行程规划、企业团队协作等，拥有 1900 余万全球用户。在收购了 Trello 之后，Atlassian 将 Trello 产品整合到了 Atlassian 产品中，强化了其在家庭及个人领域的地位。

（3）销售模式

没有销售人员是 Atlassian 与其他 TO B 企业最大的区别，也是 Atlassian 可以连续 11 年盈利的关键。一般软件公司会投入大量人力在营销上，因为企业软件虽然是 B2B，但是销售过程本质上仍是 P2P，需要雇佣人力向企业 CTO 或采购部门推广。Atlassian 则另辟蹊径，将销售过程转变为 B2P（Business To Person，企业对个人），即让客户自己找上门来，而不是让销售人员主动去寻找客户。

Atlassian 将重心放在建立口碑上，借助好的口碑，Atlassian 可以在没有销售人员的情况下让客户口口相传，从而实现精准引流。而且 Atlassian 的客户还有很多是世界 500 强的企业，这是很多 TO B 企业梦寐以求的销售成果。

对于 Atlassian 来说，全程自助、控制价格、口碑宣传是非常重要的三点销售手段。

首先，Atlassian 以自助的方式通过官网销售产品，官网上有客户关心的所有信息，如价格体系、产品类型、团队人数、部署方式等。而且客户还可以直接在官网上申请产品试用。

其次，Atlassian 严格控制产品的价格，坚持走薄利多销的道路。例如，JIRA 的价格是根据人员数量确定的，而且如果是 5 人以下的团队，还可以享受免费服务。即使面向的基本上都是经济实力比较强的企业，Atlassian 也没有因此而提高产品的价格。

最后，Atlassian 主攻的虽然是 TO B 业务，但始终都是按照 TO C 业务的要求为客户服务的。在产品方面，Atlassian 提供标准化的 SaaS 软件；在销售方面，Atlassian 采取的是电商模式。因此，很多与 Atlassian 有过合作的客户都愿意为其产品做推广。

经过不断的发展，Atlassian 的业务领域不断拓展，能为各行各业的企业提供协同办公产品。业务领域的拓展是 Atlassian 不断成长的表现之一，同时，在其成长的过程中，为了满足不同行业的个性化需求，Atlassian 十分重视产品的个性化开发。Atlassian 接纳第三方开发者，第三方开发者能够在 PaaS 平台 Atlassian Marketplace 中开发适用于 Atlassian 的各种产品插件，客户也因此有了更多个性化、多元化的选择。

Atlassian 具有广阔的发展前景，在市场方面，Atlassian 布局了多个空间巨大的市场，包括应用开发、IT 运维、协同办公等。市场规模的扩大将为 Atlassian 带来更多的营收。在产品方面，Atlassian 持续的产品研发保证了产品的高性能，再加上良好口碑的影响，Atlassian 能够保持持续稳定的增长。

目前，Atlassian 的口碑已经实现了大范围传播，我国的很多企业也与其达成了合作，如泰康人寿、民航、顺丰、澳新银行等。未来，Atlassian 还将为更多客户提供产品，其服务范围也将遍布更多行业和领域，从而实现全球化的扩张。

第 8 章

制造业：TO B 成为高质量发展的加速器

目前，虽然我国的很多产品的产量都排名世界第一，但绝大部分细分领域和机器设备并没有建立起有效的连接，难以形成生态型产业带，而且核心技术也大多来自国外，整体缺乏创新性。面对这一现状，制造业开始寻求转型，政府部门也不断提供政策支持，而 TO B 正是制造业高质量发展的加速器。过去，TO B 领域因为投资回报周期过长而不受重视，但如今市场的觉醒和技术的创新都为其发展提供了坚实基础。

1. DT 时代，制造业出现了"四新"

马云曾在一场大数据产业推介会上提出过"人类正从 IT（信息技术）时代走向 DT（数据处理技术）时代"的观点，此后在 2018 年云栖大会上，马云又详细阐释了 DT 的含义：IT 时代诞生了制造业，而 DT 时代要诞生创造；IT 时代基本上依赖于知识，而 DT 时代要发挥人类的智慧；IT 时代是以我为主，而 DT 时代是以利他为主。DT 时代是平台思想，平台不是规模，平台是利他，是为了让别人做得更好。

随着 DT 时代的到来，创新将是最为关键的一个环节，制造业也会转型成为创新驱动的"新制造"。在如此完善的创新体系下，制造业出现了"四新"，如图 8-1 所示。

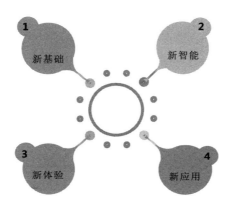

图 8-1　制造业出现"四新"

（1）新基础

量子计算、5G 等的发展为制造业迎来 DT 时代打下了坚实的技术基础。虽然就目前的情况来看，量子计算所能解决的问题和传统计算机没有本质上的差别，但是由于量子力学叠加性的强大功能，量子计算的计算效率在理论上远高于传统计算机，未来，随着量子计算的成熟，其将极大地提升机器计算的速度。在制造业的应用中，量子计算能提高人工智能设备的运算速度。

5G 作为新一代移动通信技术，能够为制造业提供高速率、大宽带、低时延的优质网络。其传输速度最高可达到每秒 10GB，比现在普遍应用的 4G 快百倍左右，同时，大宽带意味着 5G 网络支持更多的智能设备同时接入网络并稳定运行，而低时延意味着设备与设备之间的交互将会更实时、高效。5G 的到来为万物互联提供了可能。爱立信曾预测，到 2021 年，将会有超过 280 亿部移动设备实现互联，其中物联网设备将达到 160 亿部。

华为在国内量子计算的发展中一直位居前列，2018 年 10 月其量子计算模拟器 HiQ 云服务平台问世。而在 5G 方面，华为更是世界的领先者，《2019 年核心网支持 5G NSA 功能升级改造设备集中采购单一来源采购信息公告》中的数据显示，华为已经拥有超过 60 项 5G 的专利标准，位居全球榜首，远超三星、苹果、爱立信等企业；截至 2019 年 6 月，华为已经获得了全球 46 个 5G 订单，规模量居世界首位。

（2）新智能

新智能的代表是大数据分析及机器学习。大数据分析可以使制造企业得到更多的有效信息，以解决过去难以解决的问题。机器学习不仅是人工智能的核心，还是使计算机具备智能性的根本途径，在制造业中，基于机器学习的各种智能制造系统也在不断出现并不断完善。

亚马逊是全球机器学习领域最优秀的企业之一，其研发的机器学习平台 SageMaker 具有集成、快速、容易部署等特点。该平台可以很好地对大量数据进行处理，在智能制造、质量评估、供应链管理等方面都有着极高的使用价值。

（3）新体验

无人驾驶、人工智能技术的出现使人们感受到了新体验，其对制造业也产生了很大影响。例如，在工厂中，无人驾驶设备能够根据既定的程序运输各种原材料及产品，这将降低制造企业的运输成本，提高生产效率，而且由于运输场景简单、程序设计固定，运输的安全性也得到了提高。

同时，人工智能技术在制造业中的使用也会给人们带来新的体验。在工厂中，智能机械臂能够完成产品分拣、产品传送等一系列环节，使生产更加智能。同时，智能制造系统能把生产工作安排得更加合理，也能及时发现并检修生产线中的问题，这都使智能制造变得更加高效。在生产过程中，人们要不断地与各种智能设备进行交互，这将为人们带来全新的体验。

（4）新应用

ET 工业大脑是阿里云推出的人工智能新技术，也是制造业新应用的代表，其已经帮助协鑫光伏、中策橡胶、国网浙电等企业进行了产业升级。在和协鑫光伏的合作过程中，ET 工业大脑通过监控生产参数曲线，解决了太阳能电池硅片切片次品率过高的问题，提升了企业的生产效率。ET 大脑的主要目的是在生产线上运用人工智能和大数据等技术，使企业可以对生产过程进行有效的增效和监控，进而实现制造的智能化。

"四新"中包含的各项内容，是当前制造业改革的主要推动力，能够驱使各项高新技术不断交叉融合，彼此深度渗透。DT 时代下，制造业在快速发展，以"四新"为目标的企业不断涌现，而且正在对各个行业，尤其是制造业的生产、消费、组织、管理等方面，带来深刻的颠覆性影响。

2.　品质经济下的制造业有大不同

规模和数量虽然对制造业来说非常重要，但决定制造业发展的其实还是产品的品质。在提升品质方面，德国就做得非常好。德国是世界上制造业最发达的国家之一，"德国制造"早已成为高品质的代名词，如大众、阿迪达斯等高精尖的制造企业，其生产的产品有耐用、安全、精密等特点，不仅受到全球人民的欢迎和喜爱，还在国际市场上具备强大的竞争力。

此外，德国的西门子公司在电气领域一直处于领先地位，其生产的产品凭借高品质取得了非常不错的销售成绩。以冰箱为例，西门子公司通过对冰箱核心技术的不断优化和升级，提升了客户的使用体验，并创造了很高的销量和良好的口碑。

在保鲜的过程中，西门子冰箱所安装的智能感知系统可以对温度和湿度进行非常精确的控制，不仅可以使食物不腐坏，还可以最大限度减少食物的成分流失，充分保证食物的新鲜和营养。同时，出色的外形设计和颜色搭配也让客户获得了极致的视觉享受。

万宝龙钢笔是德国乃至世界上都非常有名的品牌，其一直以来都是高品质的象征。万宝龙钢笔的笔头由纯手工制作，经历了 25 道工序的淬炼，每一处都显示出了完美的工艺。同时，万宝龙不仅注重品质，还向客户传递了生活的艺术和哲学，其产品受到了众多客户的欢迎。

未来，我国制造业将由粗放型发展向集约型发展转型，提升品质便是其中最重要的任务之一。在这种情况下，国务院提出了"三步走"的强国目标。第一步，力争用十年时间，迈入制造强国行列；第二步，到 2035 年，我国制造业整体达到世界制造强国阵营中等水平；第三步，新中国成立一百年时，制造业大国地位更加巩固，综合实力进入世界制造强国前列。

目前，国内也涌现出了一批追求高品质的制造企业，吉利汽车便是其中之一。吉利博越在外观、内饰、动力等方面都具备极强的竞争力，一经推出就受到了客户的追捧。2018 年，吉利博越以全年售出 216204 辆的成绩登顶国内 SUV 销量排行榜，压过了其他众多车型。

吉利博越不仅在国内销量极佳，还在国外市场取得了非常大的突破，如吉利博越一进入马来西亚就打破了当地日系汽车和本土品牌的垄断，上市当月就刷新了马来西亚汽车市场的上市首月交付纪录，成功在东南亚市场站稳脚跟。

除汽车业之外，我国的食品饮料业也同样出现了生产高品质产品的企业，如西凤酒和飞鹤。西凤酒是我国四大名酒之一，很早就已享誉国际。在过去的几十年里，西凤酒又针对客户需求进行了多次数字化转型和升级，在酿造、物流等方面都采用了智能化技术，不仅提升了酒的质量，还为传播中华酒文化做出了巨大贡献。

西凤酒集团董事长张正表示，伟大的品牌源于过硬的品质，品牌是企业的生命线，而品质是品牌的生命线。产品的品质如何关系到企业的生存，产品无品质，企业便无未来。以名酒为引领的中国白酒行业，应当始终敬畏匠心、坚守匠心，酿造高品质的产品，始终走在发展前端。

飞鹤是国内婴幼儿奶粉的领先品牌，其针对目前乳业市场高端化、个性化的需求不断进行创新和升级。飞鹤立足于不同宝宝的体质差异，打造了多个系列、不同配方的奶粉，不仅占据了国内市场，还位居亚洲婴幼儿奶粉企业前列。

在全新的品质经济生态系统下，对制造业进行转型升级势在必行，这是历史的必然演变。制造企业如何紧跟市场潮流、掌握前沿技术、实现推陈出新？TO B 企业如何助力制造企业、提升技术能力、完善服务体系？将这些问题考虑清楚，才可以使品质制造取得成果。

3. 研发：与大数据完美结合

大数据深刻影响了各行各业的发展，而对于制造业来说，大数据更是不可或缺的关键技术。特别是在产品的研发阶段，大数据可以帮助制造企业分析客户需求、找到产品问题源头、创新研发技术。与大数据完美结合将是传统制造业进行转型升级的必经之路。

在转型升级的过程中，创新发展是首要问题，大数据是重要的创新驱动力。制造企业要利用大数据等技术推动信息资源开放、共享，发展众包设计、客户参与设计、云设计等新兴研发模式，推动宽区域、跨领域协同创新。

我国在大数据资源和大数据应用方面的发展都位居世界前列，网民数量更是排名全球第一。鉴于此，政府部门颁布了诸多助推政策，如《促进大数据发展行动纲要》《大数据产业发展规划（2016—2020）》等。《大数据产业发展规划（2016—2020）》明确了到 2020 年，大数据相关产品和服务业务收入突破 1 万亿元，年均复合增长率保持 30% 左右的目标，同时还提出了技术产品先进可控、应用能力显著增强、生态体系繁荣发展、支撑能力不断增强、数据安全保障有力等具体内容。

良好的市场基础和政策导向使大数据的发展突飞猛进，而大数据与制造业的结合也变得越来越紧密。大数据让传统制造企业的生产模式开始转向个性化定制，即客户需要什么就生产什么，这打破了过去制造企业决定产品品类、客户被动接受的模式。

个性化定制的生产模式更好地贴合了生产需求，同时也为制造企业提供了创新研发技术的素材和动力。Nike 是美国著名的制造企业，主要生产体育用品，Nike 财报显示，其 2019 年直营销售收入达到 118 亿美元，这样的成绩与其利用大数据进行研发是密不可分的。

大部分体育用品的制造企业获得市场数据的方式主要有两种：一是通过与专业运动员进行合作来得到反馈；二是寻求第三方调查平台的帮助。而 Nike 则是通过建立专属社交平台"Nike+"的方式来收集数据，这使 Nike 能够更加自由和全面地掌握客户的反馈情况。

Nike 推出的 Zoom Air 系列跑步鞋就是根据"Nike+"上收集的数据进行研发的。Nike 在分析数据时发现，很多青少年客户喜欢组成"跑步团"并追求跑步的速度，于是，Nike 便以"跑得更快"作为研发核心，推出了带有气垫、可以让客户提升跑步速度的 Zoom Air 系列跑步鞋，该系列跑步鞋也受到了很多客户的喜爱。

波音是全球最大的飞机制造商之一，也是全球航空航天业的标杆，其非常重视大数据在飞机研发过程中的作用。波音的平台性能和系统工程首席设计师 Bicos 博士在采访时曾表示，大数据可以帮助团队设计出更好的飞机，还能对飞机进行更好的操作和维护。例如，利用大数据可以对油耗进行调整，使飞行员进行更有效率的驾驶；大数据还可以找出飞机在飞行时的潜在问题，方便维护人员排查和检修。

为适应制造业未来的发展趋势，我国很多制造巨头也开始着手利用大数据进行研发，上汽集团便是其中之一。上汽集团以自身业务为基础，结合汽车制造业的特点，研发出了专业大数据应用与管理平台"上汽数据湖"，该平台可以做到每秒百万级数据接入，通过对数据的收集、整理和分析，全面提升企业的研发效率。

除上汽集团外，美的集团也在利用大数据进行研发的道路上取得了非常大的突破。过去，家电制造企业通常依靠问卷调查、电话回访等方式了解客户需求和获得产品使用数据，这种调查方式的调查范围和调查效果都极为有限，美的集团则通过引进大数据提升了产品的调研和研发效率。

美的集团热水器事业部研发工程师在接受采访时表示，大数据为产品研发带来了两大重要改变：一是研发人员可以充分了解客户的行为和喜好，为他们实现产品定制；二是客户的反馈数据可以帮助研发人员尽快完成产品升级，从而使客户能够获得更好的使用体验。

大数据影响着制造企业的生产活动，制造企业通过对数据进行分析与处理，能更好地了解客户并掌握客户的选择偏好。这是促进制造业转型升级的有效手段，也是 TO B 企业赋能制造企业的重要方向。

4．生产：提供全自动化的工具

传统制造业在生产模式上进行转型升级已是大势所趋，过去的生产模式已经不能适应如今制造业发展的需要，全自动化的工具将成为未来制造业生产的标配，这主要是由 3 个原因导致的，如图 8-2 所示。

（1）传统生产流水线的落后

从福特汽车创始人亨利·福特建立起世界上第一条生产流水线开始，制造业就发生了一场翻天覆地的变革。生产流水线的投入使用大大提升了制造企业的生产效率，更多的产品可以被生产出来并运往世界各地，这使全世界人民都能享受到工业化带来的好处，亨利·福特也被誉为"为世界装上轮子的人"。

图 8-2　全自动化工具兴起的 3 个原因

随着时代的发展，传统的生产流水线也逐渐不能适应制造业发展的需要，人工成本的不断提高使制造企业不堪重负，产品利润不断降低，而且生产流水线的工作节奏具有高强度且密集的特点，进行生产的工人往往要承受极大的压力。多方面的原因使传统制造业必须进行生产工具的转型升级，部署全自动化生产工具。

（2）我国劳动力价格的上升

我国一直以来都是制造大国，制造业产品总体产值长期位于全球前列，"Made in China（中国制造）"成为全世界都熟知的标签，但这一成绩的取得与我国劳动力价格有很大关系。由于劳动力价格不高，很多发达国家都将生产工厂设在我国，或是直接选择我国的生产商进行代加工。

随着我国经济的不断发展、人口素质的不断提升，我国的劳动力价格也在不断提高，人力成本优势已经不再明显，制造业订单纷纷流往南美、东南亚等劳动力价格较低的国家和地区。传统制造企业想要继续生存下去，就必须尽早部署全自动化生产工具。

（3）全自动化生产工具的高效

目前，全自动化生产工具的投入与其对制造企业效益提升的产出比大约为 1∶4 至 1∶6，而全自动化生产工具的投入仅为总投入的 10%以下。这意味全自动化工具的投入可以极大地提高制造企业的生产效率，并且显著提升制造企业获得的利润。

许多欧美国家已经在全自动化生产工具的部署上取得了显著的效果，大量制造企业因此节省了巨额人力成本，从而将更多的资金投入新技术研发上。宝马是德国制造业中最重要的品牌之一，其部署的全自动生产车间是制造业中的楷模。

宝马的生产自动化程度极高，整条生产线上最多只有 70 多名员工，甚至焊接工作都是由全自动生产设备完成的，设备之间的信息传递也是全自动化的，不需要人工干预。同时，全自动生产设备还减少了组装过程中的失误，大大提高了生产效率。

我国的制造业企业在部署全自动化生产工具方面也取得了很大的突破，盛虹集团旗下的国望高科纤维有限公司在发展过程中引进了全自动化生产设备，其官方数据显示，目前它的每条生产线上减少了 127 名员工，人工使用率降低了 34%，产品问题率也降低了 55.9%，其中仅包装环节的员工数量就从 69 人减少到了 21 人。国望高科纤维有限公司在车间设备联网、物料配送自动化、车间环境智能监控、资源消耗智能监控等方面均进行了智能化、自动化改造，建成了智能化运营管理生产线和数字化工厂。

宝马及国望高科纤维有限公司都将全自动化生产作为未来发展的重要方向，未来还会有越来越多的中小型制造企业效仿。因此，对于 TO B 企业来说，设计和研发全自动化生产工具有非常广阔的市场，可以产生很多盈利机会。

5. 运输：把控产品的位置和动态

之前，由于电商平台的强势崛起，TO C 领域的物流变得异常火爆，但实际上，TO B 领域的物流也有极大的开发价值。而且很多制造企业都非常关心上下游的运输问题，运输问题直接影响了制造企业的生产与销售情况，一旦中间环节出现问题，则整条供应链都可能会断裂，这会使制造企业蒙受损失。

因此，制造企业把控产品的位置和动态是十分重要的，而要做到这一点，就必须建立起一套包括追踪、管理、异常预警、问题处理等环节的完善的运输系统。这可以使制造企业能够做到心中有数，即使在运输过程中出现了问题，也可以得到最及时的反馈并进行处理。

虽然经过了一段时间的积累和沉淀，我国的制造企业在物流方面有了很大进步，但整体来说发展水平还不够高，大部分制造企业在物流方面选择的是粗放式的经营模式，没有从根本上解决物流方面遇到的问题。这主要是因为我国的现代化物流建设起步较晚，很多制造企业在进行整体布局时主要以生产环节为主，没有过多考虑运输环节。而且由于制造企业普遍体量较大，无法在短时间内做出相应改变，导致物流企业也难以为其提供切实有效的支持和帮助。

要想从根本上解决运输问题，TO B 企业需要帮助制造企业和物流企业建立起完善的产业机制和智能系统，具体表现在 3 个环节，如图 8-3 所示。

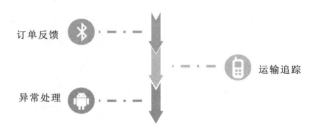

图 8-3　解决运输问题的 3 个环节

（1）订单反馈

TO B 企业可以建立电子化平台，物流企业接收到制造企业的订单之后，立刻在该电子化平台上进行反馈，制造企业及时对订单进行确认。然后，物流企业根据货物的运输方式和运输里程计算出预计送达日期，制造企业可以将送达日期告知下游企业，使双方可以提前安排生产和销售计划。

（2）运输追踪

在运输过程中，物流企业应该上传实时监控数据，让制造企业可以清晰地看到货物运输的整体路程。该实时数据必须精确至到达每一个运输节点的具体时间，这可以防止因为疏忽大意而导致的货物丢失或损坏问题，实现运输的可视化。

（3）异常处理

制造业的运输相对复杂，整个过程中很难保证不出现异常情况，一旦出现异常情况，物流企业应该及时与制造企业取得联系，并告知亟待处理的问题，使上下游企业都能进行充足的准备。TO B 企业可以作为第三方企业，为物流企业、制造企业、上下游企业构建起沟通的"桥梁"，使其可以迅速进行运输调控，最大限度减少异常情况所带来的损失。

沃尔玛在运输方面就做得非常好，在沃尔玛的运输中心里有许多智能监控系统，这些系统可以显示货物在路上的运输情况，每天的运输订单也可以被轻松查到，这使上下游企业能够及时了解货物的动态及位置信息，以便合理地安排工作。

在我国也有在运输领域取得不错进展的企业，准时达就是一家专注于TO B 物流的企业，其建立的"天网+垂直骨干网+地网"开放生态体系能为制造企业提供良好的运输服务。准时达在运输速度和产品追踪上都有着独特的优势，如准时达帮助富士康做到了将水果从采摘到送到客户手中仅需24 小时。

准时达在发展过程中以科技作为第一驱动力，能够针对企业的需求提供全方位的运输服务。不仅如此，准时达还积极开拓海外市场，目前已经在美国、印度、泰国等国家建立了100 多个物流网点、超过 250 万平方米的仓库，为想要走向国际的国内制造企业提供了强力的物流支持和运输保障。

准时达 CEO 杨秋瑾接受采访时表示，准时达将会着重研发供应链的智能化和数字化，以便为更多的场景提供服务，使上下游企业能够更好地进行协同，搭建起产业供应链生态，为供应链提供全新的价值来源。

对于运输领域的 TO B 企业来说，除要提供优质的服务以外，还必须积极挖掘更多的合作企业，以分散经营风险。另外，随着商业环境的革新及新拐点的出现，运输领域的 TO B 企业还应该再次挖掘盈利机会，找准自身定位，在盘活存量的同时让自己保持充足的活力，进而获得长远健康的发展。

6. 营销：不断提升经济效益

对于制造企业来说，除研发、生产、运输之外，营销也会对盈利和发展情况产生深刻影响。有些制造企业没有及时调整营销策略，只能依靠老客户维持生存，就很可能会倒在市场的浪潮中。同时，我国制造业的技术水平亟待提高，产品同质化现象也较为严重，这使很多制造企业难以在市场竞争中脱颖而出。此外，宏观经济变化也对制造企业的营销造成了很大影响，很多制造业企业难以在其中捕捉到商机。

在这种情况下，制造企业有必要通过更有效的营销模式提升经济效益。戴尔是全球知名的电脑制造企业，其在营销过程中不以传统的分销模式为主，而是主要采用直接联系客户的直销模式。该做法可以大幅降低中间成本，不仅有利于为客户提供质优价低的电脑，还使戴尔获得了更高的经济效益。

随着自身的不断发展，戴尔还将客户分成了不同的类别，然后根据客户的实际情况和需求进行针对性营销。例如，向大型企业提供专业的商用电脑，向普通客户提供娱乐性较强的家用电脑。这种方式拉近了戴尔与客户的距离，使研发部门更加了解客户需求，从而为客户提供更好的产品体验和服务体验。

我国的消费互联网已经具备了很大的规模，制造企业可以充分利用这一渠道进行互联网营销。互联网营销有多种形式，包括 B2B 平台、百度推广等。B2B 平台具有专业性强、适配度高等优势，其主导的线上与线下融合模式也成为我国商业生态的重要发展方向之一。除了 B2B 平台，百度推广也是互联网营销的重要方式，其可以提升企业和产品的曝光率，进而达到吸引客户进行购买的目的。

如今，营销的重要性已经越来越明显，企业需要引进先进的营销进行更有效的营销，在这一方面，京东数科旗下的京东钼媒是非常好的范例。京东钼媒依托于京东数科的先进技术和大数据资源，以物联网和感知计算为核心，融合各种广告资源，通过广告投放和先机技术为企业提供定制化的营销服务，从而提升营销精准度。同时，京东钼媒也能帮助企业实现从硬件、数据、技术应用到业务的数字化连接，从而提升企业的数字化、智能化水平。

京东钼媒以"自营+战投+媒体联盟"的形式，在全国 32 个省、自治区、直辖市的 300 多座城市，拥有了 1000 多万个户外媒体资源，连接了 1100 多万个信息点点位，涵盖社区、出行、办公、零售、公共五大场景，日均触达 4 亿人次，并且已经与人民日报数字传播、玖众传媒等企业展开了合作，在扩充线下渠道资源的同时，快速推动媒体产业的转型升级。

此外，京东钼媒从广告投放前到广告投放中到广告投放后实现了全链路的量化管理，以某手机品牌的广告投放为例。在广告投放前，京东钼媒进行了全面的广告效果调研，最终确认在北京的 164 个社区和 20 个公交候车亭投放广告；在广告投放中，京东钼媒免费提供监播服务，并以每周 2 次的频率进行监播更新；在广告投放后，京东钼媒还量化了户外广告对线下店铺的导流效果，以科学评估户外投放效果。

像京东钼媒这样专注于营销的 TO B 企业正在不断增多，企业的选择范围也更宽泛。但在 TO B 领域，瞄准制造业这一细分行业的营销工具并不多，这显然是一片极具开发价值的蓝海，谁在其中占据了主动权，谁就可以获得巨大的发展空间。

7. 制造业的终局是走向服务化

我国是名副其实的制造大国，近几年，制造企业 500 强的营业总额呈现上升趋势，但利润却呈现下降趋势，原因主要表现在两方面：一方面是我国制造企业的创新能力比较弱，在生产过程中难以压低成本，这是纵向发展上出了问题；另一方面是在横向延伸上，有些制造企业目前还停留在以单纯地生产产品为核心的阶段，这极大影响了产品的附加价值。未来，制造业应该走向服务化，将经营范围覆盖到产品的整个生命周期，而不仅是生产和销售环节，这有助于提升产品的附加值，并为客户带去更好的体验。

在我国，制造业是竞争最为激烈的行业之一，为了更好地生存下去并获得长远发展，制造企业必须重新确立未来的发展战略。在走向服务化的过程中，一些发达国家的制造企业已经做得相对成熟，值得其他制造企业学习和借鉴。

IBM 曾经只是一家制造硬件的企业，但其并不满足于这一现状。在硬件市场火爆的时候，IBM 用了几十年的时间，成功转型进入 IT 业，在制造硬件的同时，为客户提供优质的 IT 服务。由于拥有出色的洞察力，IBM 一直保持着良好的发展。

米其林是全球轮胎制造业巨头，其在轮胎中加入炭黑而将轮胎寿命延长至少 5 倍的创新使其享誉全球。但近几年来，由于全球范围内人力成本和炭黑成本越来越高，米其林的发展空间开始受限，在这样的情况下，米其林开始寻求转型。

米其林先是积极和科技企业开展合作，以提升整体的服务能力。例如，米其林和微软合作开发米其林 App，让客户可以在线上下单，然后由米其林派出专业的技术人员进行上门服务。同时，米其林和京东也达成了战略合作，进行线上线下全方位发展，为客户提供购买、安装、配送的一体化服务。

同时，米其林还开始拓展其他业务，主要有两方面的路线：一是建立米其林驰加店，客户不仅可以在店中购买轮胎，还可以购买润滑油、车内装饰、驾驶眼镜等汽车附加配套产品；二是布局汽车电池系统市场，米其林与佛吉亚达成战略合作，共同建立氢能源企业并着手研发汽车的氢能源电池系统，以顺应绿色环保的发展潮流。

我国也有一些传统制造业企业在进行服务化转型上取得了不错的成绩，这其中较为出名的就是中钢集团和海尔。

中钢集团在成立之初是一家只从事生产和贸易的钢铁企业，但在随后的发展中，中钢集团并没有拘泥于单一路线，而是不断进行数字化转型尝试，如引进 ERP 系统。目前，中钢集团已经具备了打通钢铁产业链全部环节的能力，包括生产、运输、销售、技术创新等，成为可以给钢铁企业提供一体化服务的集成化企业。

海尔原本是一家从事家电生产的制造企业，但在发展过程中，海尔逐渐发现了家电生产环节利润严重偏低的问题，并因此进行转型。海尔在转型过程中参考了很多发达国家制造企业的做法，主推研发设计和产品营销，将生产业务外包给代加工工厂，最大限度整合了内部优势资源，褪去了生产型企业的形象，建立了以服务化为核心的发展生态。

从目前的发展趋势来看，走向服务化是制造企业提升核心竞争力的关键，同时深刻影响着国家未来的经济走向和发展速度。现在，德国、美国等发达国家已经将服务化作为制造业发展的核心战略之一。制造业的未来任重而道远，制造企业可以充分利用各方资源，保质、保速地完成服务化转型升级。

8. TO B 企业如何帮助制造企业升级

目前，制造业整体进行转型升级的需求非常迫切，很多制造企业却找不到发展路径来适应当前的趋势。这主要是因为这些制造业企业长期依赖传统的发展模式，在技术创新上投入较少，而且内部缺少进行创新的核心团队，加之战略眼光不够精准，在短时间内很难架构起合适的发展模式。

面对这一情况，TO B 企业应该利用自身优势助力制造企业完成转型升级。TO B 企业的优势包括先进的理念和技术、专业化的创新团队，这些恰恰是制造企业所缺乏的，两者的合作能够促进制造业的发展。TO B 企业可以在 3 个方面帮助制造企业进行转型升级，如图 8-4 所示。

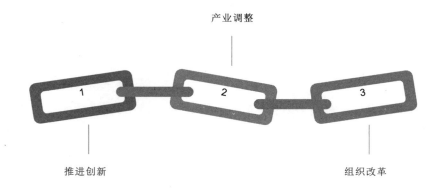

图 8-4　TO B 企业帮助制造企业进行转型升级的 3 个方面

（1）推进创新

在人口红利发生改变之后，技术创新是目前制造企业的第一要务。然而，很多制造企业受限于过去的发展模式，没有足够的时间和精力进行技术创新。在此情况下，TO B 企业就可以利用大数据、人工智能、云计算、5G 等先进技术推动制造业企业进行技术创新。

（2）产业调整

之前，国内的制造企业通常以承接国外产业为主，但由于人力成本的上升，很多国外产业逐渐向东南亚、南美等地区进行转移。所以，国内的制造企业应加快调整速度，承接适合国内发展环境的国外产业。不过，有些国内的制造企业很难得到国际市场上的有效信息，TO B 企业可以从这个方面入手，为制造企业提供帮助，使其顺利渡过调整所带来的阵痛期。

（3）组织改革

目前在我国，很多制造企业的组织架构还保持着传统的模式，没有跟上时代的发展节奏。TO B 企业可以开发相应的软件，帮助这些制造企业完成人力资源管理、薪酬管理、社保管理等方面的组织改革，使其不落后于其他制造企业。

用友、泛微和金蝶都是我国的老牌 TO B 企业，服务过很多企业，在 TO B 领域已经积累了相当丰富的经验，这三家企业在和制造企业进行合作时也都产生了不错的效果。

象屿集团是中国 500 强企业，一直将高效作为发展的最重要的方向之一。用友的 HCM 系统可以满足象屿集团的需求。用友 HCM 系统的管理范围包括企业人数、员工身份、人事业务、薪酬绩效、员工服务等多个方面，全面提升了象屿集团的管控力及 HR 的服务能力和决策分析能力。

柳工机械是我国工程机械制造的代表，其通过和泛微的合作，将整体效率提升了一个台阶。泛微帮助柳工机械构建起了 4 个重要的组织框架，即流程、会议、宣传和沟通方面的组织架构，使其在人事、财务、行政、文化传播、沟通交流等方面实现了转型升级。

亿航智能是一家创新技术型企业，无人机是其重要的业务方向。亿航智能在与金蝶的合作过程中，提升了科研、生产、销售等多个方面效率，特别是金蝶云的应用，让亿航智能拥有了一体化信息管控平台，从而更好地进行欧美市场的拓展。

近几年也有一些新兴的 TO B 企业涌现出来，聚云位智就是其中之一，其一直致力于利用人工智能为制造业赋能，帮助制造企业进行转型升级。某大型覆铜板制造企业在生产过程中遇到了困难，有些非常重要的设备只能通过员工凭借经验进行评估，这不仅使生产出来的产品很容易出现不精确的情况，还会造成原材料和人力成本的极大浪费。

后来，这家企业依托聚云位智开始进行生产智能化升级。聚云位智的研发团队通过机器学习建模，帮助这家企业进行设备参数的评估，不仅有效降低了生产成本，还提升了产品的优质率，提升了企业的经济效益。

数量越来越多、发展越来越好的 TO B 企业充分说明了，为制造企业提供产品和服务具备较强的可行性。TO B 企业可以在提供先进技术与工具的基础上帮助制造企业实现智慧化、自动化生产和管理，为下一步的转型升级打下坚实基础。

第 9 章

六大综合：享受 TO B 赋予的各种优待

TO B 业务所涉及的范围非常广，TO B 巨头很难 "一手遮天"，每一个细分领域都存在出现一家甚至是几家独角兽企业的可能。在餐饮、医疗、文创、农业、旅游、教育等领域，TO B 企业也可以寻找到发展良机，同时 TO B 企业也可以为这些领域中企业的发展提供助力。

1. TO B 其实无处不在

TO B 的覆盖范围非常广，大到航天、石油、化工，小到日常的衣食住行，都能看到 TO B 企业的身影。而且有一些看似是 TO C 的企业，其主要的收入来源还是企业而并非个人，Facebook 便是其中最典型的代表。

Facebook 是全球最大的社交媒体，月活跃用户数量在 20 亿以上，但其主要的营收来源是通过广告获得的。Facebook 的财报显示，广告收入占到了 Facebook 总营收的 95%以上，远超应用收费、游戏分成等方面的营收。

Facebook 能够获得如此巨额广告营收的主要原因是其巨大的活跃用户数量，Facebook 旗下的视频工具 Instagram 月活跃用户数量在 10 亿以上、消息工具 Messenger 每月有 20 多亿条消息、沟通工具 WhatsApp 几乎成了商业人士的必备之选。

随着网络的不断发展，现代的商业模式几乎不可能离开网络而存在，数据管理和网络安全对于企业来说是非常重要的两个方面。美国的 Actifio 就是一家从事数据管理的企业，其估值超过 13 亿美元。Actifio 可以帮助企业进行数据的备份和恢复，先进的技术让其在业内处于领先地位。Actifio 还与谷歌、微软、IBM 等企业进行过合作，并不断完善自身的产品和服务。

与 Actifio 同为美国独角兽企业的 CrowdStrike 所涉及的领域是网络安全。CrowdStrike 的核心平台是 Falcon，其可以监控企业的数据、识别恶意软件、检测黑客来源等。CrowdStrike 因为调查多个非常有名的数据泄露事件而名声大噪，目前其在人工智能领域的研究已经有了不错的进展，这为未来加强企业网络安全提供了良好的基础。

虽然目前我国的 TO B 领域发展仍然处于上升阶段，但是很多行业也都出现了 TO B 企业的身影。例如，著名的蛋糕品牌幸福西饼就应用了智能管理软件金蝶云，从而实现了物流效率的快速提升和物流的实时监控，以及对客户需求的深度挖掘。金蝶云生成分析报表的功能减轻了员工的工作压力，使技术创新更容易实现。

同时，在金蝶云的帮助下，幸福西饼很好地将供应链、配送中心、线上和线下商店等环节串联了起来，形成了大数据下的高效运营体系。如今的幸福西饼已经可以实现零库存生产、2 小时内送货上门，还可以根据客户的要求进行个性化定制。

我国云服务市场的龙头企业阿里云的业务延伸到了各行各业，包括娱乐、新闻、政府机构等多个领域。新浪微博是我国最主要的社交平台之一，月活跃用户数量达到 4.65 亿人次，这意味着新浪微博每天要进行大量的信息整合和处理。过去，新浪微博主要依靠大量的服务器维持日常运营，这使新浪微博的运营成本十分高并造成了极大的资源浪费。通过和阿里云的合作，新浪微博成功降低了运营成本，提升了信息的处理速度。

凭借专业的云业务，阿里云搭建了可以使数据进行充分运转的海关情报系统，以帮助海关总署建设智能海关。该系统可以完成对亿级数据的查询，非常适合要处理大量进出口业务的海关部门。在被部署使用的第一年里，该系统就为国家追回近 10 亿元的应缴税款。

很多电视媒体也享受到了 B 端服务的好处，如 CCTV-5（中央电视台体育频道）就使用了由阿里巴巴智能实验室研发的智能集锦官"快影"，"快影"采用了人工智能技术，制作集锦的效率是人工制作的 6～10 倍，而且错误率极低。

阿里巴巴智能实验室高级算法专家刘扬表示，识别的事件类型广、准确率高是"快影"的两大特点，它支持的事件包括进球、红黄牌、射门、犯规、过人、换人、任意球、角球、点球等，识别准确率达到 95%，整个时域的定位误差在 3 秒以内。

TO B 被越来越看重的背后，其实依然是生态之争，对中小型企业及创业企业来说，这是进入下一个蓝海市场的筹码；对巨头和独角兽企业来说，这是不断加固自身护城河的重要手段。发展 TO B 不仅是未来的红利和方向，还可以实现企业效能的飞跃。

2. 餐饮：充分挖掘"无限场景"的可能

国家统计局数据显示，2019 年 1 月至 8 月，全国餐饮收入达到 28795 亿元，同比增长了 9.4%，餐饮市场继续保持平稳发展态势。此外，中国报告大厅整理的数据显示，我国餐饮总收入由 2013 年的 2.54 万亿元增长至 2018 年的 4.27 万亿元；预计未来五年（2019—2023 年），我国餐饮总收入的年均复合增长率将超过 11%。

在如此良好的发展态势背后，我国的餐饮业也面临诸多困境，如房租高、人工成本高、原料成本高、利润低等。这主要是因为我国经济发展迅速，各个行业都需要创新模式以实现转型升级，否则就会导致发展的缓慢和滞后。

目前，很多餐饮企业在互联网大潮的冲击下做出了一些被动调整，O2O模式成为主流，具体表现为为客户提供外卖、在线预订、团购等线上与线下相结合的服务。由中国产业信息网整理的数据显示，2017 年，我国餐饮O2O 行业市场规模高达 7799.6 亿元，预计到 2020 年，这一数据将变为16095.1 亿元，发展可谓十分迅猛。

虽然电商的崛起使传统零售店生存艰难，但是由于行业的特殊性，客户还是无法脱离实体场景的服务。餐饮业亦是如此，虽然目前外卖领域发展迅猛，但是未来的餐饮业还是要回归到实体场景中去。

从发展轨迹上来看，餐饮业和零售业十分相似，即不是简单的回归实体店，而是创新式的变革。零售业的回归方式是"新零售"，而餐饮业的回归方式则是"无限场景"，即打破时间和空间的界限，随时随地为客户提供最优质的服务。

纵观整个餐饮业，饮食文化多样虽然是其发展的一个制约因素，但信息化、标准化管理的缺失则更为关键。TO B 企业捷荟大数据曾专门为零售企业提供服务，随后逐渐发现餐饮大数据是一个十分难得的蓝海市场，于是便开始向"数据模型赋能餐饮"方向发展 。

餐饮业的大数据应用可以分为两类：一类是行业应用；另一类是企业应用。不过从目前的情况来看，可以做大数据平台的企业是非常少的，这主要是因为餐饮企业所拥有的数据不但数量非常少，而且特别分散。

鉴于此，捷荟大数据积极转型，成为一个专门为餐饮企业提供数据中心和大数据解决方案的 TO B 企业。通过自主研发且独具特色的二十多种分析模型，如选址模型、营销模型、菜品模型、舆情模型等，捷荟大数据已经成功服务于多家知名餐饮企业，包括望湘园、真功夫、味千等。

捷荟大数据有十分优秀的团队，该团队在充分融合大数据和餐饮知识的基础上，通过全新的互联网产品思维，优化了餐饮企业的经营效果和盈利能力。另外，从定制化到产品化，该团队抽取了大量的标签，总结出了多种功能，基本上涵盖了餐饮企业的所有业务，并且其业务现在还在不断增加和优化。

一般来说，餐饮企业会和消费者直接产生联系，所以在经营过程中，数据分析需求不会一成不变。为了满足这样的多样化需求，TO B 企业必须像捷荟大数据这样，持续迭代自己的产品，以适应甚至引领餐饮企业的发展。

3. 医疗：身体的小船不再说翻就翻

随着社会的不断发展和人民生活水平的不断提高，健康已经成为人民最关注的问题之一。前瞻产业研究院发布的《2016—2021 年中国大健康产业市场前瞻与投资机会分析报告》显示，美国的健康产业是其第五大产业，整体规模在 GDP 中占比为 15%，而我国的健康产业在 GDP 的占比不足 5%。由此可见，我国的健康产业与发达国家相比还有很大差距，还有非常大的发展空间和开发价值。

为了提高人民整体健康水平，国务院印发并实施了《"健康中国 2030"规划纲要》(以下简称《纲要》)。《纲要》中明确指出，健康服务供给总体不足与需求不断增长之间的矛盾依然突出，健康领域发展与经济社会发展的协调性有待增强，需要从国家战略层面统筹解决关系健康的重大和长远问题。

《纲要》还强调并提出了如何发展健康产业，如加强政府监管、行业自

律与社会监督，促进非公立医疗机构规范发展；打造一批知名品牌和良性
循环的健康服务产业集群，扶持一大批中小微企业配套发展；打造具有区
域特色的健身休闲示范区、健身休闲产业带；到 2030 年，药品、医疗器械
质量标准全面与国际接轨；推进医药流通业转型升级，减少流通环节，提
高流通市场集中度，形成一批跨国大型药品流通企业等。

在社会需求和政策支持的双重作用下，医疗将是 TO B 市场中最重要
的发展领域之一。对于 TO B 企业来说，所能提供服务的领域可以分为 3
个，如图 9-1 所示。

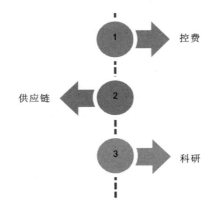

图 9-1　TO B 企业为医疗所能提供服务的 3 个领域

（1）控费

医疗控费即将不合理的医疗费用进行剔除，这是广大人民群众的迫切
需求，也是国家的一项重要且长期的政策，为此，政府部门颁布了《"十三
五"深化医药卫生体制改革规划》。但由于很多医院未能跟上时代对工作流
程进行改进，所以控费工作一直做得不到位。TO B 企业可以利用大数据、
人工智能等技术帮助医院进行医保审核，解决控费过程中所遇到的问题。

（2）供应链

无论是以医院为代表的医疗机构，还是零售药店和医药设备生产商，
对供应链环节都有着非常高的要求。医疗领域原本的供应链管理模式较为

落后，不但成本极高，而且效率低下。在这种情况下，TO B 企业可以利用自身掌握的先进技术帮助整个医疗领域优化供应链管理，从而降低成本提升效率。

（3）科研

对于医院和大型医药设备生产商来说，科研是一项非常重要的工作，优秀的科研成果不仅有助于其在业内地位的提升，还可以治疗很多以前不可治愈的疾病，对提升社会整体健康水平有着非常关键的作用。TO B 企业可以将大数据、云计算、人工智能等先进技术与医疗领域原有的科研体系相结合，打造医疗科研新生态。

汉鼎好医友是一家致力于打造国际医疗中心的 TO B 企业，其在中美远程会诊等跨境医疗服务领域的市场占有率已经突破 90%，整体估值超过 30 亿美元。汉鼎好医友的主攻方向是智慧医疗，通过高科技为医疗领域赋能，提升临床诊疗水平，让人们可以以更实惠的价格享受更优质的医疗服务。

心医国际也是一家在远程医疗领域发展得非常好的企业，其相继建设了青海省远程医疗平台、蓬莱市区域影像中心、大连瓦房店市中心医院影像平台等远程医疗示范项目。经过数年的努力，心医国际的服务已经覆盖了超过 4500 家医院，以及贵州、青海、山西、河南等地区，并与中日友好医院合作完成了极具代表性的示范性项目。

除跨境医疗和远程医疗以外，其实还有很多细分领域等待着 TO B 企业的进入，如以睡眠检测为代表的智能健康领域。据世界卫生组织统计，全球睡眠障碍率高达 27%；我国睡眠研究会公布的数据显示，我国成年人失眠发生率高达 38.2%，超过 3 亿个中国人有睡眠障碍，而且数量还在不断上升；动脉网发布的专业医疗信息报告显示，我国睡眠健康的产业规模已经超过 2000 亿元，而且心脑血管、神经系统等疾病也大多与睡眠质量相关。由此可见，智能健康领域存在着巨大的商机，TO B 企业可以依托大数据、人工智能等技术研发智能健康系统，并为健康管理机构提供更好的服务支持。

整体上来看，我国医疗领域的发展空间虽然非常广阔，但尚未出现占据绝对优势地位的 TO B 巨头，所以目前医疗领域还是一片相当巨大的蓝海，需要 TO B 企业前去探索和发掘。

4. 文创："小确丧"治愈心法

近几年来，"小确丧"逐渐成为社会上的一股潮流，影响了以"80 后""90 后"为代表的中青年人，这种感觉使他们在生活中感受到了失落和迷惘。"小确丧"是人们的一种心病，而要应对这种心病，文化创意产品是一个非常不错的办法。文化创意产品凝聚了制作者的知识、智慧和灵感，对治愈"小确丧"有着非常积极的作用。

目前，我国文化及相关产业已经具备了相当的规模，国家统计局发布的数据显示，2019 年上半年，全国规模以上文化及相关产业企业的营收总额超过 40500 亿元，按照可比口径计算同比增长 7.9%，总体继续保持平稳较快增长。其中，创意设计服务类的营收总额更是达到 5424 亿元，同比上涨了 12.4%。

不过，虽然目前我国的文创产业已经初具规模，但文创企业的规模和质量还有很大的上升空间。而仅凭文创企业自身很难在短时间内进行完善和提升，这便需要 TO B 企业的助力。对于文创企业来说，有一个环境良好的办公环境是十分重要的，上海德必集团在这一方面就为文创企业提供了充足的保障。

德必集团从事文创产业园区建设工作已经有 10 多年的时间，积累了丰富的经验并形成了成熟的运营模式。到目前为止，德必集团已经服务了超过两万家企业，在全球多个城市建设产业园区 70 多个，开展优秀项目路演 300 多场，促成企业与资本对接超过 500 次，交易总额达 5 亿多元。

德必集团在进行产业园区的建设时以历史文化为核心，并在其中注入创意元素，如德必法华 525 创意园区就是在古刹法华寺的原址上修建的，园区内还保留了原法华寺内的两棵百年银杏树，这样的选址使整个园区充满了禅意和历史文化的气息。

德必天坛 WE" 则是紧靠北京天坛建造而成的，园区内还有极具老北京气息的门楼牌坊，入驻园区的企业可以一边工作一边享受美丽的风景，非常适合进行创意工作。德必天坛 WE" 不仅是我国首个通过 LEED-ND V4 绿色建筑金级标准的文化创意产业园区，还获得了北京首批文化创意产业园区的认定授牌。

德必集团还在南京建设了德必 1913WE"·SOLO ONE.1913 私人制街区、德必长江 WE"·南京时尚设计中心和金旅德必易园·粮仓公园三个产业园区。

德必 1913WE"·SOLO ONE.1913 私人制街区还原了民国时期南京的历史文化风貌，进入其中的人感觉仿佛回到了 20 世纪二三十年代的南京城；德必长江 WE"·南京时尚设计中心是德必集团与意大利设计团队合作设计的，展示了浓厚的意式风格，集时尚与创意于一体；金旅德必易园·粮仓公园是由南京旅游集团和德必集团联手建设而成的，是一个综合性创意产业园区。

德必集团建设的产业园区不仅有完备的办公设备、水电、网络等基础设施，还能提供财税、法务、社交等优质的办公服务，让入驻企业可以专心进行创意设计，提升它们整体的办公效率。

除良好的办公环境外，文创企业还需要提升自身的创新和设计能力。我国拥有非常深厚的传统文化，具备设计出优秀文创产品的基础，但目前我国还是缺乏在国际上辨识度高、质量上乘的文创产品和品牌，这主要是因为我国的文创企业及其设计人员还需要提升自身的综合素质，专注于产品创新和设计。

但在进行产品创新和设计的过程中，很多文创企业及其设计人员往往因为办公效率较低而很难进行产品创新，TO B 企业可以针对这一需求，为文创企业设计出提升办公效率的产品和服务，减少其后顾之忧。安捷秀就是一个为影视工作者量身打造的办公管理系统，其运用人工智能，大幅度提升了影视工作者的办公效率。

以往的剧本分析工作都是由人工进行的，不仅耗时耗力效率较低，还很容易在分析过程中出现错误。但安捷秀在进行剧本分析时，只需要几秒钟的时间就可以提取剧本中的关键信息，并降低了出现错误的概率。

除剧本分析之外，安捷秀还具有多项功能，可以全方位地为影视项目进行服务。例如，记录开支的账本系统可以使账目变得精确和标准，在账目超过预算时还会进行提示；在线审片系统既可以加强影视项目的质量把控，又可以降低审阅方和制作方的沟通成本，提升剧组的效率。

文创是一个风口，而且极具发展前景。未来，以文创业务为核心的企业会不断增多，这些企业所需要的产品和服务也与之前有很大不同。所以对于 TO B 企业来说，像德必集团和安捷秀一样以提升文创企业工作效率为目的，切实推动文创事业进步，是非常不错的做法，可行性非常高。

5. 农业：更加高效和轻松的劳动

我国是传统农业大国，拥有历史悠久的农耕文明。目前我国农村人口在总人口中的占比为 60%左右，但农业技术的发展与发达国家相比还有一定差距。例如，在 20 世纪 40 年代，美国就基本完成了农业机械化改革，其现代农业形成了多个领域相融合的产业化体系。而且因为美国拥有先进的农业生物技术，所以农业的病虫害率较低，农作物产量较高。

想要使我国的农业技术赶超美国等发达国家、农民能够更加高效和轻松的劳动，推进农业信息化的发展无疑是最重要的道路之一。为此，农业农村部印发了《"十三五"全国农业农村信息化发展规划》(以下简称《规划》)，以加快农业信息化的发展进程。

《规划》中明确了发展目标：到 2020 年，"互联网+"现代农业建设取得明显成效，农业农村信息化水平明显提高，信息技术与农业生产、经营、管理、服务全面深度融合，信息化成为创新驱动农业现代化发展的先导力量。表 9-1 所示为"十三五"农业农村信息化发展的主要指标。

表 9-1　"十三五"农业农村信息化发展的主要指标　　单位：%

指　　标	2020 年	年平均增速	属性
农村物联网等信息技术应用比例	17	10.8	预期性
农产品网上零售额占农业总产值比重	8	40.3	预期性
信息进村入户村级信息服务站覆盖率	80	126.2	预期性
农村互联网普及率	>51.6	>9.8	预期性

《规划》中还包括八大重点工程，包括农业装备智能化工程、农业物联网区域试验工程、农业电子商务示范工程、全球农业数据调查分析系统建设工程、农业政务信息化深化工程、信息进村入户工程、农业信息化科技创新能力提升工程、农业信息经济示范区建设工程。

在未来农业信息化的发展工作中，仅依靠政府部门的力量很难做到面面俱到，而很多农村地区由于技术水平较低，很难形成自我发展的良性循环，这就需要 TO B 企业的助力和赋能。而且 TO B 企业可以在农业信息化发展工作中的每一个方面和重点工程中大展拳脚。

例如，农业装备智能化工程需要 TO B 企业联手制造企业进行开拓创新，为农民打造高效、实用的智能化农业设备；全球农业数据调查分析系统建设工程需要 TO B 企业利用大数据处理和云计算等先进技术，为农业部门和农民提供真实、有效的农业数据。

目前，农业信息化发展工作已经取得了一定成效。河南省有 1300 万亩土地深松任务需要完成，但在实际过程中，由于面积和深度很难被精确测量，影响了土地深松工作的开展。针对这一情况，许昌市通过运用信息化技术建立了土地智能深松终端，解决了这一难题。

河南省鹤壁市在农业信息化发展中也取得了较为显著的成果，其与京东、淘宝等大型电商平台进行了合作，充分展现了电商与农业相结合的利好，鹤壁市也被评为了整体推进型农业农村信息化示范基地全国第一名。

农业信息化发展最重要的具体表现是"手机种田"，这一充分利用信息技术的模式从根本上改变了传统农业生产，极大减少了人力消耗并提升了效率。例如，农业云平台可以帮助农民在不进入田地的情况下，就能了解田地中光照、湿度、温度等重要指数。"手机种田"就像一个遥控器，能够集中管控整个农业产业链中的必要元素，实现实际操作层面、网络通信层面、远程服务层面三个层面的对接。

农业信息化发展让 TO B 企业获得了新的机会，使其可以在很多方向上发力，如帮助农民掌握第一手农业信息、简化农业流程、降低农业生产成本等。不过，为了使农业生产中的各环节运作流畅，TO B 企业不能只改变产业链的单一环节，深入上下游各环节才是王道。

6. 旅游：以性价比和口碑为主要标准

旅游业作为第三产业的重要组成部分，是我国经济发展的强劲推力。中国旅游研究院提供的数据显示，2019 年，国内旅游人数超过 60 亿人次，国内旅游收入达 5.6 万亿元，分别比 2018 年增长了 9.5%和 10%；入境旅游人数近 1.5 亿人次，国际旅游收入达 1296 亿美元，分别比 2018 年增长了 1%和 2%；国内居民出境旅游人数约 1.7 亿人次，比 2018 年增长了 11%。

随着宏观经济和居民收入的不断增长，旅游消费活力将被进一步激发，文旅融合效应也会开始释放。虽然国内旅游业市场规模很大，但也不乏诸多乱象。例如，一些景区的开发情况极差，难以为游客带来良好的旅游体验，且动辄就要收取数百元的门票费用；一些旅行社和导游职业水平低下，规划路线不合理、景点讲解不到位，使游客获得的服务质量极低。

在旅游业不断发展的影响下，旅游质量也必须得到保障，打造有良好体验和高价值的旅游模式成为必然趋势。在这一情况下，"全域旅游"的概念出现在了人们的视野中。全域旅游是指各行业、各部门共同努力，全面提升旅游质量的一种模式。此前，国务院印发了《关于促进全域旅游发展的指导意见》，其中明确了全域旅游的发展目标，如表 9-2 所示。

表 9-2　全域旅游的发展目标

主 要 目 标	具 体 内 容
旅游发展全域化	推进全域统筹规划、全域合理布局、全域服务提升、全域系统营销，构建良好的自然生态环境、人文社会环境和放心旅游消费环境，实现全域宜居、宜业、宜游
旅游供给品质化	加大旅游产业融合开放力度，提升科技水平、文化内涵、绿色含量，增加创意产品、体验产品、定制产品，发展融合新业态，提供更多精细化、差异化旅游产品和更加舒心、放心的旅游服务，增加有效供给
旅游治理规范化	加强组织领导，增强全社会参与意识，建立各部门联动、全社会参与的旅游综合协调机制。坚持依法治旅，创新管理机制，提升治理效能，形成综合产业综合抓的局面
旅游效益最大化	把旅游业作为经济社会发展的重要支撑，发挥旅游"一业兴百业"的带动作用，促进传统产业提档升级，孵化一批新产业、新业态，不断提高旅游对经济和就业的综合贡献水平

在提升旅游质量的过程中，旅行社要随时把握发展脉络，这其中，最主要的衡量标准就是旅游性价比和口碑。随着互联网的不断发展，越来越多的人开始运用旅游 App 来进行旅游规划和评价。由艾媒咨询提供的数据显示，我国的在线旅游市场交易规模已经超过了 1 万亿元，而且还将持续快速提升。

正是由于旅游 App 的火爆，人们可以直接获得想去的景点及具体路线的详细信息，这令旅行社所提供的报价方案不断趋于合理化和透明化。和自由行相比，跟随旅行社出游占据了很大的市场规模，主要有以下两个方面的原因。

（1）性价比较高

首先，旅行社比较了解市场变化和景点的淡旺季，可以根据实际情况发布报价方案，这样既可以有效分流游客、缓解景点压力，又可以让一部分游客免受拥挤之苦；其次，旅行社拥有专业的导游，并且一般和景点管理部门联系较为紧密，更加了解景点特点，可以通过讲解提升游客的旅游体验。

（2）安全有保障

旅行社在安全方面比较有保障，尤其是规模较大的旅行社，能避免很多旅行中的风险，更能保障游客的安全。相比而言，游客自由行时很可能会因为对很多意外情况没有准备，从而在旅游过程中发生不必要的危险。

正因为如此，TO B 企业可以和旅游局及旅行社进行对接，利用技术手段提升旅游局、旅行社的服务质量和游客的旅游体验。

对于 TO B 企业而言，与旅游局对接表现为开发线上 App 以得到游客的实时反馈，这有助于旅游局整治旅游业乱象及进行景点的合理开发；与旅行社的对接表现为利用大数据分析并确定游客需求，以此帮助旅行社和游客制定符合市场发展、性价比较高的报价方案和旅游路线。

旅游业是消费升级大趋势中的关键行业之一，人们对旅游的热情日益高涨，政府部门、投资者也会十分关注旅游行业上下游的发展。同时，旅游业在景区管理、服务质量、路线规划等方面还存在一定问题，解决这些问题就是 TO B 企业目前应该做的事情。

7. 教育：多方面、全方位协同发展

教育对于任何一个国家来说都是非常重要的发展方向，而且越是实力雄厚的国家越是重视教育的发展。爱尔兰哲学家埃德蒙·伯克曾经说过："教育是国家的主要防御力量。"我国教育家蔡元培也说过："要有良好的社会，必先有良好的个人；要有良好的个人，必先有良好的教育。"

我国一直以来就非常重视教育的发展，政府部门也不断出台相应的利好政策。2019 年中共中央、国务院发布了《中国教育现代化 2035》，中共中央办公厅、国务院办公厅发布了《加快推进教育现代化实施方案（2018—2022 年）》。

其中，《中国教育现代化 2035》是一个主题为教育现代化的中长期战略规划，是推进教育现代化、建设教育强国的纲领性文件；《加快推进教育现代化实施方案（2018—2022 年）》聚焦了教育发展的战略性问题、当前教育发展面临的问题和人们关心的其他问题。

目前，多方面、全方位的区域协同发展模式成为教育发展的主流，这一模式可以实现资源的最优整合，更加有效地推动教育的进步。复旦大学、上海交通大学、南京大学、浙江大学、中国科学技术大学在 2018 年 12 月完成了华东五校教学协作机制和发展区域高校教育合作的建立，并且达成了"华五共识"。该共识从开设跨校辅修专业、共享特色教学实践基地、开放优质基础课程、组织课堂教学互评互鉴、共建创新创业实践基地、共促教学信息化发展、设立年度卓越教学奖七个方面确定了未来协同工作的方向。

在这样的形式之下，TO B 企业可以充分利用自身优势，在区域内与各大高校进行对接，建立良好的区域教育协同生态，一方面可以优化教育资源配置，另一方面可以形成高校和企业的良性互动，增加在校学生社会实践经验，提升企业的整体科研水平。

与高校教育产业侧重于实践和科研不同，学前教育至高中教育蕴含着非常巨大的直接效益。目前，我国学前教育至高中教育的市场规模正在逐年增长，这其中有巨大的发展空间等着 TO B 企业去发掘。

2018 年 12 月，国内知名教育机构好未来发布了教育产业第一个 TO B

线上线下全场景的开放平台，该平台为教育产业的发展提供了非常强的推动力。好未来 CTO 黄琰认为，教育行业将迎来智慧化升级，在技术上，人工智能、大数据、云计算等新技术正逐步落地；在场景上，教育和科技将进一步融合；在需求上，教育市场中的消费需求正在不断升级；在人才上，技术人才和优秀师资的需求日趋扩大。

TO B 企业要想像好未来这样入局教育产业，应该从产品定位、产品设计、营销策略、定制化服务等多个维度入手。在这个过程中，不仅要提升自身竞争力和影响力，还要精准捕获教育市场的需求，如教育信息化改革、教学工具辅助应用、学习效率提升等。

除此以外，TO B 企业还必须重视几个关键点：紧跟国家教育发展规划，切勿违背正确方向；进行有针对性的产品开发，为教育相关企业提供有价值的软件和硬件；进一步提升产品多元化，确保产品的使用效果可以量化。

对于以教育业务为主的 TO B 企业来说，参加展会是非常好的推广方式。我国每年都会举办一些与教育相关的智能设备展会，这无疑是 TO B 企业获取广泛关注的良好时机。在这些展会中，TO B 企业可以密集接触到教育产业的企业和机构，并使其了解产品，体验产品，TO B 企业也可以在这一过程中为产品做宣传。

就现阶段而言，针对教育产业的 TO B 企业规模都不是非常大，渠道和地域是限制其发展的主要因素。所以突破渠道壁垒和地域限制，便成为这些 TO B 企业的主要突破口。未来，国家对教育产业的投入会不断增多，各种支持性政策法规也会不断落地，到那时，技术、资本、人才纷纷进入教育产业，TO B 企业将迎来温暖的春天。

第 10 章

TO B 猜想：未来商业进化

目前，我国的 TO B 领域还处于持续摸索的发展阶段，需要长时间的建立和巩固。但不可否认的是，TO B 会使传统商业模式得到进一步改善，同时，良好的市场前景也给了创业者和投资者非常大的想象空间。本章立足于 TO B 领域的先行者案例，从多个方面进行剖析，阐释未来 TO B 企业应该如何发展。

1. TO B 有多少"钱"途

在众多先进技术支持和资本流入的大环境下，TO B 市场将迎来蓬勃发展，那么 TO B 市场到底有多大，TO B 究竟有多少"钱"途？中国报告大厅发布的数据显示，目前我国有超过 4000 万家的中小型企业，占全国企业总数的 99.7%，而且其数量每年还在不断增长。但在最近几年，我国中小型企业的营收增长率却呈下降趋势，这主要是因为中小型企业发展动力不足，急需新技术为其赋能，而 TO B 企业能够满足其这一需求。

新思界产业研究中心发布的《2018—2022 年中国企业服务业全面市场调研及投资分析报告》显示，目前我国的 TO B 市场增长迅猛，TO B 企业占到了总额的 61.3%，第二是个体工商户，比例为 29.4%，第三是政府机构及事业单位，比例为 6.7%。

新思界产业分析师表示，企业和个体工商户仍然是我国 TO B 市场未来发展的重要支撑力量，而且随着我国民间投资的不断增加，小微企业及个体工商户的数量增长极快。不过，目前我国的大部分 TO B 企业是以服务大中型企业为主，在服务小微企业及个体工商户方面还有非常巨大的市场空白。

政府层面也为 TO B 市场的发展铺平了道路，无论是工信部印发的《大数据产业发展规划（2016—2020 年）》，还是国务院印发的《关于积极推进供应链创新与应用的指导意见》，都是在促进中小型企业和 TO B 企业的共同发展。

在 TO B 市场上，欧美整体领先于我国的发展水平，已经出现了一大批独角兽企业。Uptake 是一家美国的初创型 TO B 企业，其在成立不到一年的时间里估值就超过了 10 亿美元，成了一家 TO B 独角兽企业，三年后，其估值更是超过了 20 亿美元。

Uptake 的成功源于其两位创始人敏锐的市场嗅觉，他们准确地抓住了近几年发展潜力最大的工业物联网，引导企业开始了快速发展。Uptake 的产品主要分为两个方面：一是进行设备管理、数据收集等工作的辅助工具，二是提供故障预警、任务管理等预测性服务。

在成立之初，Uptake 选择了对于 TO B 企业来说最好的发展策略，即先与标杆客户展开深入合作，提升知名度后再逐步打开市场。Uptake 的第一个标杆客户是机械制造巨头 Caterpillar，Caterpillar 是全球最大的柴油机、燃气发动机等机械设备制造商。

Caterpillar 每天有 300 万台以上的机器同时进行工作，但其很难对所有的机器进行有效的监控，这使机器在生产过程中很容易出现问题。Uptake 为 Caterpillar 开发了一个可以进行大规模数据分析的软件，帮助其全方位地对机器进行监控。该软件在降低成本、提高效率方面对 Caterpillar 帮助很大，通过使用该软件，Caterpillar 每个机器在生产过程中降低了 14 万美元的成本，同时机器安装和配置的时间减少了一个小时。

在与 Caterpillar 的合作获得成功后，Uptake 又将业务范围延伸到农业、航空等诸多领域，在这一过程中，Uptake 展现出了出色的市场把握力。因为各个领域都有不同的特点，所以 Uptake 在发展过程中也用了不同的策略。在工业物联网领域，Uptake 主要为企业提供 SaaS 服务，但在其他领域中，Uptake 则主打 PaaS 服务，即关注数据收集等服务的发展，不过多涉及预测性服务。

Uptake 成功的最主要原因就是其出色的市场嗅觉和获得了 Caterpillar 这样的标杆客户。与 Caterpillar 的成功合作，不仅为 Uptake 带来了巨额营收，还让其吸引到了更多的企业。这样的发展模式值得我国的 TO B 企业学习和借鉴，而且由于我国的中小型企业数量庞大，更容易被标杆企业的选择所吸引。

同时，TO B 企业也应该注意市场的实际情况。美国的企业信息化程度和意识较高，所以 Uptake 可以迅速在工业物联网领域发展起来，而我国的信息化建设相对落后，虽然一些企业已经展现出了很强烈的需求，但是 TO B 企业也需要切实地将自身基本功做扎实。总而言之，对于 TO B 企业来说，只有为企业提供货真价实的产品和服务，才可以赢得口碑，进而在市场中占据一席之地。

2. 数字化工作环境，赋能人与空间

目前，许多企业的工作效率提升都陷入了瓶颈，亟须进行变革，而最贴合当前趋势的便是进行工作环境的数字化转型，其可以赋能人与空间，全面提升企业的工作效率。

美国的 VMware 是一家致力于帮助企业进行工作环境智能化转型的 TO B 企业，其旗下的数字化平台 Workspace ONE 可以为企业提供数字化智能工作空间，同时通过对碎片化时间和空间的利用，充分增加员工在工作中的自主权，能够大幅提升员工的整体工作效率。

Workspace ONE 还可以为企业提供全方位的监测功能，从而为员工提供有效的工作建议。而且，Workspace ONE 也非常重视安全性，能够为企业提供一个没有后顾之忧的数字化工作环境。

同样是美国的数字化工作空间平台，Citrix 也能够为企业提供数字化工作环境，其最为出色的优势是将效率、安全和体验进行了很好的融合。Citrix 让员工可以在任何设备上登录工作系统，这有助于员工利用好碎片化时间，充分提高工作效率。同时，Citrix 多维度的立体防护层也降低了工作系统遭受攻击的可能。而且 Citrix 还简化了很多工作流程，让员工享受到了极佳的工作体验。

在我国，优客工场是打造数字化工作环境的代表。优客工场的创始人毛大庆是做房地产业出身的，曾任万科副总裁。毛大庆认为未来房地产业转型数字化是必然趋势，所以他选择从万科辞职创立了优客工场。

优客工场在发展过程中也一直秉承着数字化融合的理念，在全球设立了 200 多个数字化共享办公空间，给办公环境带来了非常重要的变革。在成立不到 4 年的时间里，优客工场就发展为一个估值超过 90 亿元的独角兽企业，与其合作的服务商有阿里云、用友等国内优秀的 TO B 企业。未来，优客工场还计划打造人工智能办公桌，让员工利用办公桌就可以完成信息的交互和整合，不必再通过服务器登录大量的端口。

毛大庆表示，构建商业社交平台与资源配置平台是共享办公最重要的部分，这可以使企业更加高效、快捷地获取所需资源，也是共享办公智慧化和数字化的重要体现。优客工场正是在这一方向进行努力，为企业提供更好的资源配置平台，让企业在商业社交圈里获得其需要的资源。

　　未来，数字化工作环境将成为企业升级和转型的必经之路，人工智能和大数据等高新技术是其中的关键，这也给了很多 TO B 企业发展的机会，TO B 企业可以为企业设计更加高效、便捷的工作系统，简化工作流程，提高员工的工作效率和工作体验。

3．共享经济形成新的消费增长点

　　近些年来，共享经济已经成为一个非常火爆的市场，同时也是当下最强劲的消费增长点，其各个细分领域也都具备很大的规模，如共享出行、共享充电宝等。共享经济可以为人们提供极大的便利，可以充分调配社会上的剩余资源，降低客户享受相关服务的成本。

　　美国共享出行的先驱者 Uber 在其成立近 4 年的时间内就将业务范围拓展到了 22 个国家。前瞻产业研究院发布的报告显示，目前 Uber 已经成为一家市值超过 700 亿美元的超级独角兽企业。Uber 招股书中的数据显示，Uber 在 2018 年营收达到了 112.7 亿美元，成功将亏损转变为盈利 10 亿美元，表 10-1 所示为 Uber2016—2018 年的经营情况。

表 10-1　Uber2016—2018 年的经营情况　　　　单位：亿美元

经营情况	年份		
	2016	2017	2018
营收	38.5	79.3	112.7
盈利	-3.7	-40.3	10.0

　　如今，Uber 的业务范围已经覆盖了五大洲的 630 多个城市，2019 年，Uber 的月活跃用户数量已经突破 1 亿人，较 2018 年出现大幅度增长。Uber 是目前世界上共享出行领域的超级独角兽企业之一。

　　在国际市场上，Uber 是共享出行领域中的佼佼者；而在国内市场中，滴滴出行则是共享出行领域当之无愧的领头羊。在《2019 胡润全球独角兽榜》中，滴滴出行的估值达到 3600 亿元，也是一家超级独角兽企业。而且滴滴出行已经融入了人们的日常生活中，很大程度上改变了人们的出行方式，很多人在出行时都非常依赖滴滴出行。

但滴滴出行的发展也并非一帆风顺，首先，为了争夺用户，滴滴出行与快的进行了补贴竞争，不断"烧钱"减缓了其发展速度，最终滴滴出行与快的的合并才终结了这场补贴大战；其次是安全隐患问题，多起恶性案件的发生将滴滴出行推上风口浪尖，政府部门随即出台的一系列网约车严规也使其发展受到严重影响。

为了提升服务质量，跟随政府部门的步伐，滴滴及时对业务模式进行了调整，下架顺风车业务的同时，加强了对司机资质的审核，并且在系统中加入了紧急联系人、一键报警等一系列功能，最终稳住了自己在市场中的地位。

在 Uber、滴滴出行这样的网约车企业发展的过程中，蕴含了很多 TO B 企业发展的机会。例如，在司机资质的审核方面，可以通过云计算和大数据对司机的相关信息进行分析，同时利用人工智能对司机资质进行审核并发放资质凭证，这可以在很大程度上降低人工成本并提高效率。

除网约车之外，共享单车也是共享出行中非常重要的一个组成部分。对于短距离的出行而言，自行车也是很便捷的出行方式。哈啰出行是我国共享单车领域极具代表性的企业之一，其月活跃用户已达 8500 万人，领跑我国共享单车市场。但以哈啰出行为代表的共享单车的盛行也出现了一系列问题，如乱停乱放阻碍交通、用户私自加锁、自行车被破坏等。哈啰出行在发展过程中也在不断改进这些问题，如设置禁停区减少乱停乱放、和征信机构合作将破坏自行车的行为纳入征信记录等。

在哈啰出行等共享经济企业的发展过程中，云计算和大数据都是非常重要的工具，其可以给共享经济企业带来非常大的技术支持，为共享经济企业进行技术创新和提升用户体验提供基础，而这些正是 TO B 企业的优势所在，共享领域将会成为 TO B 企业发展的重要方向。

4. 一切"上云"以后，安全性愈发重要

云计算、云储存技术的成熟为很多企业带来了便利，通过一切"上云"，企业可以减少很大一部分采购服务器及相关设备的成本，同时可以对信息和数据进行更有效率的分析和利用。一切"上云"之后，信息和数据的安全性成为很多企业最为关心的问题，因为这些信息和数据中往往含有企业获得竞争优势的关键因素，很大程度上影响了企业未来的发展。不过虽然很多企业意识到了云安全的重要性，但是很多时候在操作过程中还是会出现纰漏。

调研机构 RedLock 发布的数据显示，曾经有很多使用亚马逊 AWS S3 云储存服务的企业遇到过数据外泄的情况，但很多时候并不是因为平台出现了漏洞，而是因为企业没有为自己的账号设置密码。所以 TO B 企业在为企业提供云服务时，必须做好全方位的服务工作。

全球 TO B 企业巨头甲骨文在云安全领域处于国际领先水平，其出色的安全防护措施受到了全球诸多企业的欢迎。甲骨文的安全防护措施是基于 API（应用程序接口）技术进行部署的，企业不需要安装相关的硬件和软件，也不会出现不兼容的问题，具有简捷、实用、高效的特点。同时，甲骨文的安全防护措施具备一整套完备的处理流程，可以做到监控、响应、处理全自动化管理，既减少了人工操作出现的错误，又提升了整体的防护效果和效率。

国内知名云服务供应商小鸟云在安全方面也做得非常不错。小鸟云 CTO 周胜强在接受采访时表示，在进行数据保护时，小鸟云采用了三层数据处理及灾备管理技术，即缓存层、沉淀层和备份层，能够全面保障企业的数据安全。

在发展过程中，小鸟云除努力为企业提供优质的云技术服务之外，还非常重视云安全技术的发展。小鸟云在保障数据安全时，运用的是符合国际标准的安全保障技术，将企业在云端储存的数据进行副本备份，在很大

程度上降低了企业遭遇数据丢失的风险。

小鸟云在隐私防护方面也下了非常大的功夫。在技术上，小鸟云依照极高的国际加密标准对企业的隐私进行防护，使数据很难被窃取的同时，也充分保证了数据在传输过程中的完整性；在制度上，小鸟云建立了严格的保密制度，严防数据在未经企业同意的情况下泄露给他人；在战略上，小鸟云建立了完善的安全防护体系，利用专业的安全防护措施防止企业的云端数据被窃取。

国内知名网络安全企业亚信所开发的安全系统 Deep Security，帮助交通运输部规划院解决了项目建设过程中的防毒问题。交通运输部规划院在进行项目建设时需要运用非常多的服务器，但并不是每一台服务器都能保证安装合适的防毒软件，所以会出现流量异常等问题。而安全系统 Deep Security 能够对全部服务器提供全方位的防护，能够在第一时间对网络中的病毒进行查杀和处理，保证网络环境的正常。

传统的一揽子工程已经很难满足现今企业的安全需求，而且还会造成大规模的资源占用情况，进而对企业的正常发展产生严重影响。因此，将不同企业的不同需求进行针对性处理，为其定制个性化的安全解决方案，才是 TO B 企业的未来发展之道。

5. 产品进入深水区，需提高自身竞争力

经过几年的试探，从大起到大落，再到如今的逐渐回暖，我国的 TO B 企业慢慢走向正轨。对于 TO B 企业来说，产品和服务是第一位的，TO B 企业需要立足企业的实际需求研发产品，提升自身竞争力。

TO B 企业一定要找到企业真正的需求点，然后在此基础上仔细打磨产品质量，并且突出与市场上竞品的差异点，这样才最有可能在市场上立足。

在这一点上，目前我国最大的移动办公应用钉钉就做得非常好。

在接手钉钉之前，钉钉团队主要负责阿里巴巴旗下一款社交产品"来往"的开发。"来往"是阿里巴巴想要和腾讯在社交领域一较高下的产品，其主要对标的就是微信。但由于微信已经牢牢占据了市场的优势地位，"来往"在发展过程中非常不顺利，因此阿里巴巴选择打造一款专用于办公使用的社交软件，即后来的钉钉。

钉钉是在被称为"阿里巴巴圣地"的湖畔花园孵化出来的，其团队是以支付宝前端工程师吴振昊为首的一批阿里巴巴优秀的工程师，他们在前期不断进行调研以完成开发工作。钉钉在一开始的推广过程中并不顺利，因为我国的大企业基本都有自己的 IT 管理系统，对于钉钉的需求度并不高，所以钉钉团队将目标客户定为中小型企业。

但当时许多企业都十分缺乏使用专业的移动办公应用的意识，没有 IT 管理系统的中小型企业基本上都是依靠 QQ、微信、邮件这样普通的社交方式进行沟通的。因此，钉钉团队拜访了很多家中小型企业都以失败告终。

就在钉钉团队想要放弃后续推进的时候，他们遇到了钉钉的第一个客户康帕斯。康帕斯主营电脑销售，当时整个企业大约有七八十名员工，而且正准备进行进一步发展。但管理和沟通问题成为康帕斯 CEO 史楠最头疼的一个问题，因为企业规模在不断扩大，而沟通方式却涉及 QQ、微信、邮件等几种方式，企业很难进行有效管理，所以必须尽快找到统一的沟通协作应用。

史楠在一开始想要斥资购买专业的 IT 管理系统，钉钉负责人陈航当即表示愿意为康帕斯提供免费的沟通协作应用，双方一拍即合。在此之前，虽然钉钉团队做过很多调研，但都没有真正深入过企业内部，这次机会对钉钉的后续发展影响颇深。

在与康帕斯展开合作之后，钉钉团队仔细地观察了中小型企业具体的运作模式和问题，有针对性地在钉钉中提供了解决方案。经过数年的打磨，钉钉逐渐趋于成熟，从 DING 功能到日志功能，再到各种审批流程的建立，钉钉让许多中小型企业都能够享受到阿里巴巴管理模式所带来的便利。

钉钉团队通过对中小型企业的深入了解，为钉钉建立了多方面的优势，能够帮助中小型企业进一步发展，钉钉的优势表现在 3 个方面，如图 10-1 所示。

图 10-1　钉钉的优势

（1）高效

企业内的员工通过钉钉进行沟通时，可以看到对方是否阅读了消息，这可以在很大程度上提升沟通效率。

（2）便捷

在企业内部群里，员工之间可以进行自由沟通，无须添加好友，这可以加强员工之间的联系。

（3）人性化

管理者无法在钉钉上获取员工之间的沟通信息，这很好地保证了员工的隐私不受侵犯，展现出了钉钉人性化的一面。

大部分 TO B 企业都可以打磨出浅层的产品，但这样的产品很难具有核心竞争力，TO B 企业需要像钉钉团队那样做深层的产品，使产品具备差异化的功能。另外，由于全球化趋势的不断加强，TO B 企业也要提升自身能力，以便与国外的 TO B 企业竞争。

6．从交流到预测，体验被不断重塑

现在大部分的 TO B 产品和服务主要是用于沟通交流、人力资源管理、供应链管理数据储存等方面，而在未来，随着人工智能、云计算、5G 等技术的不断成熟，预测将成为发展趋势，客户体验也会得到重塑。

在预测这一方面，国际信息业巨头 IBM 就拥有了相应的技术。IBM 首席执行官罗曼提公开表示，IBM 已经开发出了可以评估员工离职意愿的人工智能技术，准确率可以达到 95%。这一技术对 IBM 来说非常重要，它可以帮助 IBM 留住人才，因为和员工沟通的最佳时机就是在他们离开之前。

这一技术已经帮助 IBM 减少了将近 3 亿美元的员工留用成本，而且这一技术将会使传统人力资源管理模式产生重大变革，HR 可以更好地对企业中的员工进行管理。同时，在未来的发展和升级中，这项技术还可以分析出员工所擅长的方面，为员工指明发展道路。

在我国，也已经有 TO B 企业开始从事预测业务，探迹科技就是其中的代表。探迹科技利用人工智能和大数据分析，为企业提供 4 个方面的产品和服务，如图 10-2 所示。

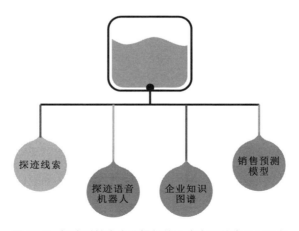

图 10-2　探迹科技为企业提供的 4 个方面的产品和服务

（1）探迹线索

探迹线索可以帮助企业找到需要的销售线索并加以准确利用，可以对线索进行发现、触达、管理和分析，让企业在浩瀚市场中迅速获得最有用的信息。目前，探迹线索已经为今日头条、网易、金蝶云等诸多知名企业提供了数千万条有价值的线索，而且在拓展市场、筛选客户、分析客户、语言技巧组织等方面也取得了重大突破。

（2）探迹语音机器人

探迹语音机器人可以为企业提供自动拨打、自动应答、标签分类、通话打断、任务管理、数据分析六项服务，而且可以与探迹线索进行无缝对接，为企业提供全方位、立体化的销售管理服务，涉及领域包括互联网、保险、房地产、教育等。

探迹语音机器人的优势还在于大幅减少了企业的人力成本，并且能够提供人工 8～10 倍的工作量。探迹语音机器人的工作十分高效，而且可以更加全面、实时、准确地完成数据统计工作。最重要的是，探迹语音机器人具有语义理解能力，不是简单的关键词匹配，而是可以与对方进行最接近真人的交流。

（3）企业知识图谱

通过对海量数据的搜集和管理，探迹科技打造出了一个覆盖超过 1 亿家企业的企业知识图谱，它可以全方位满足企业的业务需求，图 10-3 所示为企业知识图谱的构建过程。

探迹科技会在网络垂直数据源、政府公开数据等数据源爬取关键数据并进行解析，打通工商信息、招聘信息、网站信息、自媒体信息等信息之间的数据孤岛，对企业进行全方位的数据搜集与分析，从而为企业构建起数据完善的企业知识图谱。

图 10-3　企业知识图谱的构建过程

企业知识图谱具有获取基础数据、客户数据补全、行业数据定制和企业客户评估四大功能，对于数据的来源、质量、更新和安全都有出色的管理方案。而且企业知识图谱在使用上也非常便捷，只需要提交申请、需求评估、数据对接三步，就可以对数据进行充分利用。

（4）销售预测模型

销售预测模型可以帮助企业进行新客户精准挖掘、存量线索评估、客户画像构建、销售时机判断、销售技巧提升及现有业务系统的全面整合，图 10-4 所示为销售预测模型。

图 10-4　销售预测模型

销售预测模型能够让企业从纷繁复杂的数据分析工作中抽身出来，专注于销售工作。目前，探迹科技的销售预测模型已经服务过数千家企业，大幅提升了其工作效率和业绩。

之后的 TO B 领域中，产品的使用体验会越来越重要，甚至可以成为 TO B 企业之间最大的区别，在这一方面，探迹科技为其他 TO B 企业提供了很好的借鉴。接下来的时间里，更多的 TO B 企业或许会放弃"技术为先"的理念，开始转向"体验第一"，这将使企业感受到效率和质量的又一次腾飞。

7. 垂直细分可以催生多个独角兽

TO B 领域整体来说机会较多，不同行业都有各自的发展道路，而且前景广阔。在互联网周刊发布的《2018 最值得关注的 20 家企业服务企业》中，金柚网、蚂蚁 HR、牛人众享虽然都是从事人力资源服务的 TO B 企业，但它们的发展历程各有特色。

金柚网是一家综合人力资源服务商，其业务覆盖了社保管理、用工管理、工资代发等多个方面，有"金柚宝""金柚帮帮""金柚多多"等多项产品，目前已经与包括美团网、德克士、百岁山在内的超过 60000 家企业达成合作。

在社保管理方面，金柚网为企业提供的是社保服务的在线管理，操作相对便捷，资料都是通过云端上传，数据全程加密，能够严格保障企业的信息不被泄露；用工管理包括劳务派遣和岗位外包两个方面，能够全面解决企业的用工问题；代发工资业务可以根据国家政策和企业规定进行精确核算，大幅节省了企业相关的人力和时间成本。

蚂蚁 HR 是一家面向中小型企业的 TO B 企业，主要目标是让中小型企业不再因缺少经验丰富的 HR 而发展受阻，可以为中小型企业提供人事系统和人事外包等服务。蚂蚁 HR 的人事系统有自动计薪、五险一金、商业保险等服务。自动计薪服务即由系统根据后台数据计算员工薪酬，无须人工导入，大幅提升了企业的运营效率；五险一金服务即由系统针对各地不同政策，自动进行审核和缴纳，减少了企业因不了解当地政策而出现的错缴、漏缴问题；商业保险服务即为员工购买配套的商业保险，快捷且全面地降低了企业的用工风险。

蚂蚁 HR 的人事外包将客户分为了 3 类，如图 10-5 所示，并针对不同客户的不同特点提供个性化服务。

图 10-5　蚂蚁 HR 人事外包的 3 类客户

（1）初创企业

初创企业一般来说缺少经验丰富的 HR，管理者对个税、开户、社保缴纳问题都知之甚少，外包给传统人事机构或聘请专业 HR 都需要一笔不小的开支，这对初创企业来说无疑是非常大的压力。蚂蚁 HR 则很好地为初创企业解决了这些问题，蚂蚁 HR 具有代缴社保服务，同时有专业的工资条软件，能够智能生成员工的工资条并将电子工资条发送给员工。

（2）异地办公企业

异地办公企业通常会遇到不了解当地政策、无法提供异地员工工资流水资料等问题，如广东快客电子商务有限公司注册地址在东莞市，要在深圳开设办事处，但是两地社保政策差异较大，缴纳流程也相当麻烦。蚂蚁 HR 针对这一情况，为其提供了完善的售前及售后服务，很好地解决了异地社保缴纳的问题。

（3）成长企业

成长企业通常会遇到人力资源管理升级与发展速度不适配的尴尬问题，从而使整体发展遭遇瓶颈。蚂蚁 HR 在社保、薪酬等多方面为成长企业提供服务，让其可以从繁杂的人力资源管理中抽身出来，专心进行业务拓展。

牛人众享的主攻方向和上述两家 TO B 企业有很大区别，其主要是帮助企业提供"共享员工"，即让同一员工在不同的两家企业供职，由两家企业共同负担员工的工资。这也就意味着，每家企业支付的工资减少，但员工的工资总额有所上升，这不仅降低了企业的人力成本，还提升了员工的薪酬待遇。

TO B 企业在人力资源这一领域有多个发展方向，在其他的诸如零售、制造、金融等领域更是前景广阔。例如，金融领域就包含了银行、基金、期货等多个细分方向，而且这些细分方向都具备催生多个独角兽企业的条件。

8．TO B 是一场需要耐心和专心的长征

TO B 的发展是一个循序渐进的过程，需要 TO B 企业有充足的耐心深入了解业务领域，并开发出独特的优势，以吸引企业的关注。

会小二是一家为企业提供会议场地及相关配套服务的 TO B 企业，现在已经成为业内的领头羊，并与多家知名企业进行了长期的合作。虽然会小二已经取得了不错的成绩，但其发展也是一个渐进式的过程。

在创立初期，会小二主要承办的是小规模的会议活动，其中 10～30 人

的会议占到了总业务量的 30%以上。经过几年的发展和业务的不断打磨之后，其承办的 100～200 人会议及相关活动占到了总业务量的 20%以上，而且大规模会议及相关活动的比例还在不断增加。

如今，会小二已经可以为企业提供会议及相关活动的完善配套服务，其中包括场地搭建、音响灯光、摄影摄像、设计策划、礼仪服务等。在场地方面，会小二可以为企业提供酒店、咖啡馆、艺术馆、游轮等多种选择，并借此与包括华为、百度、美团点评在内的多家知名企业建立了良好的合作关系。

石墨文档是一家云端办公服务软件提供商，主要帮助企业实现在文档及表格上进行多人协作。在发展过程中，石墨文档扎根技术和场景，不断提升服务质量，目前已经为互联网、教育、新零售等多个行业的企业提供了服务。

在线学习平台跟谁学就是石墨文档的客户之一，石墨文档为其提供了会议记录、项目管理、产品需求文档撰写等多方面的服务。跟谁学团队每周都要进行工作总结并对后续计划进行安排，同时对重点项目进行回顾，但这一过程总是会因为协调不到位而出现问题。石墨文档利用出色的云端协作技术帮助跟谁学解决了这一问题，大大提升了团队的工作效率。

茶饮品牌喜茶也是石墨文档的客户，喜茶在发展过程中为了缩短消费者等候时间、提升消费者购物体验，开发出了"喜茶 GO"等多个新的业务模块，逐步实现了门店的数字化，而在这其中，石墨文档发挥出了重要的作用。

在使用石墨文档之后，喜茶团队只需要建立一个文档，就可以实现业务上的多人协作，不仅提升了沟通效率，还降低了文件传输过程中可能出现的问题。同时，喜茶团队还可以在手机、电脑上利用石墨文档随时进行记录，使办公更灵活和便捷。更重要的是，石墨文档为喜茶团队提供了无界化的全新办公体验，适用于现今高速发展的社会节奏，为业务创新建立了基础。

旷视科技则是立足于人工智能、物联网等技术，为企业提供发展上的创新，其主要产品及服务有旷视个人设备大脑、旷视城市大脑、旷视供应链大脑及旷视智能云解决方案。

旷视个人设备大脑在 vivo、OPPO、诺基亚等多款手机上实现了应用，主要提供人脸识别解锁和人脸支付应用；旷视城市大脑在清华大学、杭州地铁等地实现了应用，人脸识别预警功能为这些场景提供安全保障；旷视供应链大脑为科捷物流的仓储机器人技术提供了重要支持；旷视智能云应用在了北京银行、中信银行、招商银行、中国移动等企业的业务场景中，为这些企业提升业务效率的同时也保障了其业务的安全。

要想获得更好的发展，TO B 企业需要耐心耕耘、专心深耕技术，以此来提高自身的竞争力。未来，TO B 企业需要循序渐进并扎根于技术和业务场景，为企业提供优质的服务，从而占据市场。

9. RPA+AI：TO B 领域的新兴风口

C 端红利的衰竭、资本的流入、先进技术的融合发展，都促进了 TO B 行业的增长。在这种情况下，众多企业也纷纷布局 TO B 领域。在众多赛道中，RPA（机器人流程自动化）无疑是资本的宠儿、新兴的风口。

多家 RPA 企业都获得了资本的青睐，截至 2019 年，RPA 领域全球融资总额已达 60 亿元，其中，罗马尼亚的 RPA 企业 UiPath 已获得 9.43 亿美元的融资。而在 2019 年中，我国获得新融资、发布新产品、开启转型的 RPA 企业不下 10 家。

RPA 的爆火不只是一场资本的狂欢，RPA 能够落地，源于其巨大的价值。RPA 是智能化软件，能够通过软件机器人自动处理大量的重复性工作。RPA 已经出现二十余年，并广泛运用于财务、采购、人力资源、客户服务等领域，但为什么直到现在才火？

从 RPA 适用的流程来看必须满足两个条件：一是有明确、固定的流程和步骤；二是该流程中不能涉及复杂任务及线上、线下的融合。一旦应用场景中除人机交互外，还包括线上线下交互的环节，或某一环节中涉及复杂任务，RPA 就难以发挥作用。

基于以上两个条件，RPA 需要寻找"智能"的突破口，而 AI 技术的成熟及落地，让 RPA 的智能化成为可能。

RPA 需要更多的智能化属性，如思考的能力、辨别的能力，需要根据应用场景在 RPA 底层技术基础上进行个性化开发。而借助 AI 的自然语言处理、机器视觉能力，RPA 能够更好地实现自动化。模仿人类判断和行为的 AI 技术能对 RPA 技术进行有效的补充。

借助 AI 智能识别技术，RPA 可以识别纸质发票中的编号、日期、金额等信息，并自动输入电子表格中。RPA 能够取代人工录入，以一种更准确、高效的方式，引领自动化办公的潮流，更能适应业务的变化和拓展。

不仅如此，RPA 还是 AI 落地的重要阵地。Transparency Market Research（一家美国市场研究咨询机构）研究预测，到 2024 年全球 RPA 的市场规模只有 50 亿美元，同时，RPA 在未来几年将有 61.3% 的年复合增长率，亚太地区的市场增速将在 2021 年达到 181%。这些数据表明了，虽然 RPA 的市场规模不大，但其未来的增长速度是十分惊人的。

金沙江创投总经理朱啸虎曾表示："5 年以后中国可能会有一半工作被 RPA 替代，80% 客服人员被智能客服取代，几年以后这个市场上百亿美金是可以期待的。"虽然目前也有其他人对 RPA 有不同的看法和理解，但不可否认的是，RPA 的确是可以落地的实际应用。人口红利的衰竭更体现了 RPA 的价值，当人力成本逐年攀升之时，企业更愿意选用高效的系统来降低人力成本，提高工作效率。

不仅众多的投资机构对 RPA 争夺激烈，一些 AI 领域的企业也开始进军

RPA 赛道。相较于 RPA 企业，其对 AI 技术的认知和积累无疑是巨大的优势。

文本智能处理企业达观数据就聚焦于 RPA 赛道发力并取得了优秀成果，达观数据的技术方向为 NLP（自然语言处理），即在文本数据基础上研发各种应用，如文本挖掘、搜索推荐等，其产品多为文本智能化处理软件系统，能使客户更好地完成文档智能审阅、搜索、客户意见洞察等工作。

2019 年，达观数据推出了新产品"智能文本 RPA"，主打"NLP + RPA + OCR"，即在机器人里集成了 NLP 和 OCR（光学字符识别）模块，能进行更多复杂应用场景的业务流程自动化。此次达观数据推出的 RPA 产品是传统 RPA 产品的升级版，提高了产品的服务能力。

2020 年年初，达观数据为上海政府提供了一套 RPA 系统，其解决了外籍人士有关工作许可申请的信息录入及信息汇总问题。在 RPA 中结合 OCR、NLP 等技术，让此前需要人工录入的信息实现了自动录入。使用 RPA 系统后，工作许可申请流程由此前的一个月缩短到了一周。

关于 RPA 的未来发展，达观数据 CEO 陈运文认为："虽然今天我们认为 RPA 还是一个新概念，很多企业对此还是将信将疑，但我们觉得十年之后，企业使用机器人员工会变成一件稀松平常的事情。"陈运文坚信："机器人处理重复性、机械性文字的能力很快就将超过人类。十年以后将有超过 50% 的基础性办公工作，是可以由 RPA 机器人代替人来完成的。"

AI 加持下的 RPA 企业能够在 AI 技术的支持下研发出更智能的产品，同时，随着 AI 技术的发展，RPA 的应用场景也会更加丰富。TO B 市场发展的动力就是创造价值，如果智能的系统能让未来的办公更方便、能让流程更简单，那么其存在就是有价值的。目前，RPA 正在快速发展，而技术能提升 RPA 发展的速度，在这种情况下，"RPA+AI"无疑是 TO B 领域未来发展的风口。

反侵权盗版声明

电子工业出版社依法对本作品享有专有出版权。任何未经权利人书面许可，复制、销售或通过信息网络传播本作品的行为；歪曲、篡改、剽窃本作品的行为，均违反《中华人民共和国著作权法》，其行为人应承担相应的民事责任和行政责任，构成犯罪的，将被依法追究刑事责任。

为了维护市场秩序，保护权利人的合法权益，我社将依法查处和打击侵权盗版的单位和个人。欢迎社会各界人士积极举报侵权盗版行为，本社将奖励举报有功人员，并保证举报人的信息不被泄露。

举报电话：（010）88254396；（010）88258888

传　　真：（010）88254397

E-mail：　dbqq@phei.com.cn

通信地址：北京市万寿路 173 信箱

　　　　　电子工业出版社总编办公室

邮　　编：100036